ALI
GÜNGÖRMÜS

MEDITERRAN EXPRESS

ALI GÜNGÖRMÜS

MEDITERRAN EXPRESS

Über 80 Rezepte	In nur 30 Minuten	Mit 5–7 frischen Zutaten

Mit Fotografien von Sandra Eckhardt

DK

INHALT

PAGEOU
A. Güngörmüs

GUTES KANN SO EINFACH SEIN

Für dieses Motto steht die mediterrane Küche wie keine andere. Denn wer sich auf qualitativ hochwertige und aromareiche Zutaten beschränkt – wie in den meisten Küchen der Mittelmeerländer – kann auch aus Wenig tolle Rezepte mit außergewöhnlichem Aroma zaubern.

Was macht ein Gericht in der Regel denn aufwendig? Meist sind es die endlosen Zutatenlisten mit vielen verschiedenen Lebensmitteln, die man erst einkaufen und dann zeitaufwendig zubereiten muss. Dass es auch anders geht, beweise ich euch in diesem Buch!

Für jedes Rezept müsst ihr fünf bis maximal sieben Zutaten frisch dazukaufen. Diese Zutaten sind bei den Rezepten immer fett gedruckt, dann habt ihr sie gleich im Blick. Der Rest steht in eurem gut sortierten Vorrat – wie der aussieht, erfahrt ihr auf S. 11–13. Und für die Gerichte seid ihr maximal 30 Minuten in der Küche am Werkeln. Bei einer Handvoll Rezepten ist zwar der Backofen noch etwas beschäftigt, aber ihr könnt die Küche schon verlassen und tun, was euch gefällt. Wenn nichts anderes angegeben ist, sind die Express-Gerichte für 4 Personen.

Wie in meinen bisherigen Büchern auch, findet ihr außerdem rund um die Rezepte viele Tipps, wie man ein Gericht noch ergänzen oder garnieren kann. Und ich berichte immer wieder ausführlicher über spezielle Zutaten aus den Küchen rund ums Mittelmeer, zeige euch praktische Kurzrezepte zum Vorbereiten oder präsentiere zu guter Letzt noch Ideen für ein »Apéro orientale«. Für das perfekte Urlaubsfeeling im Alltagstrubel!

Ihr werdet sehen: Gutes kann so einfach sein! Ich wünsche euch viel Freude beim Kochen, das so stressfrei wie möglich und dessen Ergebnis einfach fantastisch sein sollte.

Euer Ali

CLEVERE VORRATSHALTUNG

»Gut geplant ist halb gewonnen!« Das gilt natürlich auch in der Küche und vor allem in der Expressküche. Wer ein paar Basics immer daheim hat, muss für die Rezepte im Buch nicht mehr als fünf bis sieben Zutaten extra einkaufen.

ESSIG, ÖL UND BUTTER

Öl: Sonnenblumenöl und Olivenöl
Es gibt kaum ein Rezept, das ohne Öl auskommt – sei es ein Salat in der kalten Küche oder ein hitzefestes Öl zum Anbraten. Olivenöl ist der Allrounder, Sonnenblumenöl ist aber ebenfalls gut.

Essig: Balsamico und Weißweinessig
Für Vinaigrettes und Dressings, aber auch zum Abschmecken mancher Gerichte nimmt man am besten Essig. Mild und süß ist der dunkle oder helle Balsam-Essig aus Italien, für eine etwas säuerlichere Note passt ein Weißweinessig.

Ein Stück Butter und Butterschmalz
Auch wenn sie gesundheitlich umstritten ist, gilt eines nach wie vor: Butter verleiht Gerichten ein extra abgerundetes Aroma. Sie darf nicht zu hoch erhitzt werden. Wer den Buttergeschmack auch im Frittierten haben will, nimmt Butterschmalz.

KRÄUTER, GEWÜRZE & CO.

Salz und Pfeffer
Das hat jede und jeder daheim, denn Salz und Pfeffer sind die absoluten Küchen-Basics. Wer will, ergänzt einfaches Salz durch gröberes Meersalz. Nehmt auch mal ganze schwarze Pfefferkörner, die man jeweils frisch über die Speisen mahlt.

Zucker und Puderzucker
Er hat seinen festen Platz im Vorratsschrank. Sparsam wie ein Gewürz eingesetzt ist Zucker garantiert nicht ungesund!

DIE ZWIEBEL-FAMILIE

Rote und weiße Zwiebeln
Sie sind lange haltbar und geben so gut wie jedem Gericht den letzten Schliff. Sehr gern auch rote Zwiebeln nehmen – auf S. 37 steht, wie man den Zwiebelsaft entfernt und sie vor Oxidation schützt.

Frühlingszwiebeln
Die Mini-Stangen sind vielseitig einsetzbar. Profis schneiden das dunkle Grün großzügig weg und nehmen nur die weißen und hellgrünen Teile.

Knoblauch
Als Knolle ist Knoblauch ebenfalls gut haltbar. In der mediterranen Küche wird oft nur die ungeschälte, angedrückte Zehe eingesetzt – für ein dezentes Aroma.

ZITRUS & KRÄUTER

Zitrone, Orange und Limette
Am besten Bio-Ware verwenden (s. S. 46f.). Zitrusfrüchte lassen sich unterschiedlich lang lagern – zwischen vier und acht Wochen, dabei regelmäßig auf Schimmelbildung prüfen. Zitronen vertragen dabei Temperaturen zwischen 10 bis 15 °C, Orangen nur 0 bis 9 °C.

Ein paar Stängel frische Kräuter
Wer Kräuter nicht selbst zieht (s. S. 84f.), kauft sie frisch und bewahrt sie in ein feuchtes Tuch gewickelt oder einer Frischhaltebox mehrere Tage im Kühlschrank auf.

GEWÜRZE, BRÜHE & MEHR

Cumin, Zimt und mehr
Jedes Gewürzregal ist individuell. Für ein Mittelmeerflair sorgen Gewürze wie Cumin oder Zimt, Paprika oder Chili genauso wie getrocknete Kräuter – etwa Oregano, Thymian, Rosmarin oder Lorbeer.

Brühe
Fast so »basic« wie Salz und Pfeffer, lässt sich Instant-Gemüsebrühe ohne Weiteres im Vorratsschrank lagern.

Senf
Trotz verschiedenster Spielarten von Senfsorten reicht für den Vorrat ein Glas mittelscharfer Senf im Kühlschrank – ein absoluter Allrounder.

SONSTIGES

Mehl
Hat eigentlich jeder zu Hause und lässt sich problemlos länger lagern. Ein bisschen Mehl benötigt man immer – zum Bestäuben, Panieren und natürlich zum Backen.

Mineralwasser
Ein Geheimtipp, um Aufstriche und Teige schön fluffig zu machen: einfach einen Schuss kohlensäurehaltiges Mineralwasser dazugießen und unterziehen!

Sesamsamen
Wer die kleinen hellen oder dunklen Samenkörner im Vorrat hat, zaubert im Handumdrehen aus einfachen Gemüsegerichten orientalische Küchenhits.

HACKS FÜR DIE EXPRESSKÜCHE

Gut geplant ist halb gekocht. Leckere Gerichte und wenig Zeit sind kein Widerspruch. Wer ein paar Dinge beachtet und nicht komplett spontan mit dem Kochen startet, kann in einer halben Stunde tolle Rezepte zaubern. Hier ein paar Tricks, wie auch ihr garantiert Zeit sparen könnt.

Wie in der TV-Küche
Alle Zutaten und Gerätschaften vor dem Kochen rechtzeitig auf die Arbeitsfläche stellen. Dazu das Rezept sorgfältig durchlesen – muss etwas vorbereitet werden, kann in der Zwischenzeit etwas anderes erledigt werden?

Einmal in der Woche
Nichts ist ärgerlicher als eine fehlende Zutat. Daher immer darauf achten, dass die Vorräte aufgefüllt sind. Für die Rezepte in diesem Buch sind nie mehr als sieben extra dazugekaufte Zutaten nötig – der Rest sollte daheim sein (s. S. 11–13).

Blitz-Lebensmittel
Mit tiefgekühlten Lebensmitteln wie etwa gehackten Kräutern, Erbsen, Spinat oder Beeren spart man sich das Waschen, Putzen und Hacken. Produkte mit kurzer Garzeit helfen ebenfalls gegen Zeitfresser – wie Bulgur oder Couscous, gegarte Hülsenfrüchte oder vorgegarte Rote Bete.

Aus dem Kühlregal
Qualitativ hochwertige Fertigteige wie Filo- und Yufka-Teig, Flammkuchen- oder Blätterteig finden sich heute in jedem gut sortierten Supermarkt.

Klein, aber oho!
Wenn man Gemüse oder Kartoffeln in kleinere Stücke schneidet, garen sie schneller.

Mix it, baby!
Vinaigrettes, Dressings oder Pestos lassen sich gleich in größerer Menge zubereiten und im Kühlschrank aufbewahren.

Vorausdenken
TK-Fischfilets am Vorabend aus dem Gefrierfach nehmen und abgedeckt über Nacht im Kühlschrank auftauen lassen oder Früchte fürs Dessert einlegen.

VORSPEISEN & KLEINE GERICHTE

AUBERGINEN

MIT GEWÜRZTOMATEN UND FETA

30
MINUTEN

2 Auberginen
Salz
1 rote Zwiebel
1 kleine Knoblauchzehe
4 EL Olivenöl
200 g passierte Tomaten (aus der Dose)
1 TL Ras el-Hanout

FÜR DAS TOPPING:

½ Bund Dill
½ Bund Minze
1 kleines Bund Petersilie
100 g Feta

Die Auberginen putzen, waschen und mit dem Sparschäler schälen. Die Auberginen erst der Länge nach vierteln, dann die Viertel quer in Stücke schneiden. Auberginen salzen und kurz ziehen lassen, danach trocken tupfen. Inzwischen Zwiebel und Knoblauch schälen, die Zwiebel in Streifen schneiden, den Knoblauch fein hacken.

Den Backofen auf 200 °C (Umluft) vorheizen. Die Auberginen in einer großen Pfanne in 2 EL Olivenöl kurz anbraten, herausnehmen und in eine Auflaufform geben. Dann Zwiebel und Knoblauch in der Pfanne im übrigen Öl andünsten, passierte Tomaten hinzufügen und mit Ras el-Hanout würzen. Die Auberginen mit der Tomatensauce überziehen und im Ofen auf der mittleren Schiene etwa 20 Minuten schmoren.

Inzwischen für das Topping die Kräuter waschen, trocken tupfen, die Spitzen bzw. Blätter abzupfen und fein hacken. Zum Servieren die Auberginen aus dem Ofen nehmen, mit den gehackten Kräutern garnieren und den Feta darüberbröseln.

TIPP

Ras el-Hanout ist eine typische orientalische Gewürzmischung, die bis zu 30 verschiedene Gewürze enthalten kann – von scharf-würzig über süß bis bitter. Zimt und Kardamom sorgen zum Beispiel für eine blumige Note, Chili und Ingwer für die Schärfe und Anis sowie Nelken für eine gewisse Süße.

TINTENFISCH

MIT QUETSCHKARTOFFELN

25 MINUTEN

1 kg kleine Kartoffeln (z. B. Drillinge oder Grenaille)
Salz
½ kg Tintenfischtuben natur, in Ringe geschnitten
1 kleines Bund Petersilie
Pfeffer
gewürfelte Schale und Saft von ½ Bio-Zitrone
2 EL Olivenöl
grobes Meersalz
4 EL Oliventapenade (aus dem Glas oder Rezept S. 65)

Die Kartoffeln mit der Gemüsebürste gründlich waschen und in einem Topf in ausreichend Salzwasser etwa 20 Minuten weich garen. Danach abgießen und kurz ausdampfen lassen.

Inzwischen für die Tintenfischringe reichlich Salzwasser in einem Topf aufkochen, dann den Herd ausschalten. Die Tintenfischringe im Salzwasser 1–2 Minuten gar ziehen lassen, in ein Sieb abgießen und abtropfen lassen. Währenddessen die Petersilie waschen, trocken tupfen, die Blätter abzupfen und fein hacken. Die Tintenfischringe mit Salz, Pfeffer, Zitronenschale und -saft, Petersilie und Olivenöl marinieren.

Die gegarten Kartoffeln jeweils mit einem Topfboden leicht quetschen und auf Tellern anrichten. Mit Meersalz bestreuen und jeweils mit 1 Klecks Oliventapenade beträufeln. Zuletzt die marinierten Tintenfischringe darüber verteilen.

TIPP

Dazu passen auch hervorragend eingelegte Kapernäpfel (s. S. 134) mit Stiel.

TOMATEN-MELONEN-BRUSCHETTA
MIT BURRATA

20 MINUTEN

200 g Wassermelone (am besten 1 Scheibe)
200 g bunte Tomaten
1 Stängel Basilikum
8 EL Olivenöl
etwas Zitronensaft
1 EL Zucker, plus 1 Prise für den Schwarzkümmel

Meersalz
Pfeffer
1 EL Schwarzkümmel
½ TL Butter
4 große Scheiben ital. Weißbrot
2 Kugeln Burrata (oder normaler Mozzarella)

Die Melonenscheibe in einer erhitzten Pfanne ohne Fett auf einer Seite kurz scharf anbraten. Herausnehmen und abkühlen lassen, anschließend in kleine Würfel schneiden.

Inzwischen die Tomaten waschen und klein würfeln, dabei die Kerne entfernen. Das Basilikum waschen, trocken tupfen, die Blätter abzupfen und fein hacken.

Melone, Tomaten, Basilikum, Öl, Zitronensaft, 1 EL Zucker, etwas Meersalz und Pfeffer in einer Schüssel mischen.

In der Pfanne 1 Prise Zucker karamellisieren, den Schwarzkümmel dazugeben und sofort die Butter hinzufügen. Alles unter Rühren kurz karamellisieren, auf einem Bogen Backpapier abkühlen lassen und anschließend zerstoßen.

Zum Servieren die Brotscheiben im Toaster rösten und die Tomaten-Melonen-Salsa darauf anrichten. Jeweils ½ Burrata dazusetzen und alles mit dem karamellisierten Schwarzkümmel bestreuen. Nach Belieben mit Basilikumblättern garnieren.

GESCHICHTETES TABOULEH

MIT FETA

25
MINUTEN

100 g Bulgur
Salz
2 San-Marzano-Tomaten (oder Eiertomaten)
2 Frühlingszwiebeln
2 Peperoncini
1 kleine Salatgurke

Saft von 1 Bio-Zitrone
90 ml Olivenöl
etwas gemahlener Cumin
1 großes Bund gemischte Kräuter (z. B. Dill, Minze und Petersilie)
ca. 80 g Feta

Den Bulgur in einem Topf mit der doppelten Menge Wasser (oder Brühe) und 1 Prise Salz einmal kurz aufkochen. Dann den Topf vom Herd nehmen und den Bulgur zugedeckt etwa 10 Minuten quellen lassen.

Inzwischen die Tomaten waschen und klein würfeln, dabei die Kerne entfernen. Die Frühlingszwiebeln putzen, waschen und in dünne Ringe schneiden. Peperoncini längs halbieren, entkernen, waschen und in Ringe schneiden. Die Gurke waschen und samt Schale ebenfalls klein würfeln.

Das Gemüse mischen und mit Zitronensaft (zuvor 2 EL für die Kräuter beiseitestellen!), 6 EL Öl und Cumin abschmecken. Zuletzt den Bulgur unter das Tabouleh mengen.

Die Kräuter waschen, trocken tupfen, die Blätter bzw. Spitzen abzupfen und in feine Streifen schneiden und mit übrigem Öl, Salz und Zitronensaft marinieren. Den Feta in dünne Scheiben hobeln. Zum Servieren Tabouleh, Kräutersalat und Feta im Ganzen in eine Schüssel oder portionsweise in Gläser einschichten.

GESCHMORTE AUBERGINEN

MIT PISTAZIENPESTO UND CURRYDIP

30 MINUTEN

Öl für das Blech
2 Auberginen
Salz
einige Dillspitzen
zum Garnieren

FÜR DEN DIP:

200 g Naturjoghurt (10 % Fett)
Saft und abgeriebene Schale von ½ Bio-Zitrone
2 EL Olivenöl
¼ TL Currypulver
Salz
1 Prise Zucker

FÜR DAS PESTO:

2 Stängel Basilikum
je 1 Stängel Dill und Petersilie
2 EL Olivenöl
grobes Meersalz
100 g Pistazienkerne
200 g Feta
½ TL abgeriebene Bio-Zitronenschale
etwas gemahlener Cumin

Den Backofen auf 200 °C (Umluft) vorheizen. Ein Backblech mit Öl einfetten. Die Auberginen putzen, waschen und längs halbieren. Die Schnittflächen jeweils rautenförmig einritzen und salzen. Die Auberginenhälften nebeneinander auf das Blech setzen und im Ofen auf der mittleren Schiene etwa 20 Minuten garen, herausnehmen, wenden und etwas abkühlen lassen.

Inzwischen für den Dip alle Zutaten verrühren. Für das Pesto die Kräuter waschen, trocken tupfen und die Spitzen bzw. Blätter abzupfen. Mit Olivenöl und etwas Meersalz im Mörser zu einer Paste zerreiben. 75 g Pistazien fein hacken, den Feta zerbröseln und beides untermischen. Das Pesto mit Zitronenschale und Cumin abschmecken.

Die Auberginenhälften der Länge nach etwas einschneiden, das Fruchtfleisch aufklappen und mit dem Pesto füllen. Die restlichen Pistazien grob hacken und darüberstreuen. Die Grillfunktion einschalten und alles noch mal 2–3 Minuten 200 °C gratinieren. Die Auberginen mit dem Currydip anrichten, nach Belieben mit Kräutern garnieren und ein helles Brot dazu reichen.

ZIEGENKÄSE-CROSTINI

MIT WILDKRÄUTERN UND BALSAMICO-DATTELN

20
MINUTEN

2 Rollen Ziegenfrischkäse (à 150–200 g)
6 EL Olivenöl
8 getrocknete, weiche Datteln
4–6 EL Apfelsaft
2 EL Balsamico-Essig
Salz, Pfeffer
1 Päckchen Wildkräutersalat
4 große Scheiben Krustenbrot
1 EL schwarzer Sesam, geröstet

Den Ziegenkäse in etwa 12 Scheiben schneiden. In einer beschichteten Pfanne in 2 EL Öl goldbraun anbraten, herausnehmen und leicht abkühlen lassen.

Inzwischen die Datteln halbieren, entkernen und in Streifen schneiden. In einem kleinen Topf Apfelsaft und Essig erhitzen und die Dattelstreifen darin etwa 10 Minuten ziehen lassen. Vom Herd nehmen und das übrige Olivenöl hinzufügen, mit Salz und Pfeffer abschmecken.

Zum Servieren den Wildkräutersalat verlesen, waschen und trocken tupfen. Die Brotscheiben im Toaster rösten und auf Teller legen. Jedes Brot mit Salatblättern und je 3 Scheiben Ziegenkäse belegen und mit dem Datteldressing beträufeln. Zuletzt den Sesam über den Ziegenkäse streuen.

TIPP

Der Wildkräutersalat besteht idealerweise aus würzigen Salatblättern und Kräutern. Gut eignen sich für dieses Gericht etwa Rucola, Blutampfer, Kapuzinerkresse, Löwenzahn oder Sauerklee.

ZUCCHINISALAT

MIT ZITRONEN-CUMIN-JOGHURT

20
MINUTEN

800 g Zucchini
6 EL Sonnenblumenöl
Salz, Pfeffer
½ TL gemahlener Cumin
250 g Naturjoghurt (10 % Fett)

abgeriebene Schale und Saft von ½ Bio-Zitrone
2 rote Peperoni
1 Knoblauchzehe
1 Bund Dill

Die Zucchini putzen, waschen und quer in Scheiben schneiden. Die Zucchini in einer Pfanne in 2 EL Sonnenblumenöl scharf anbraten und mit Salz, Pfeffer und Cumin würzen. Anschließend herausnehmen und auf Küchenpapier abtropfen lassen.

Den Joghurt mit Zitronenschale und -saft, Salz, Pfeffer und Cumin abschmecken und auf einer Platte verteilen. Die angebratenen Zucchini darübergeben.

Die Peperoni putzen, waschen und in Ringe schneiden. Den Knoblauch schälen und fein würfeln. Den Dill waschen, trocken tupfen, die Spitzen abzupfen und grob hacken. Die Peperoniringe und Knoblauchwürfel in der Pfanne im übrigen Sonnenblumenöl 1–2 Minuten anbraten.

Zum Servieren den Peperoni-Mix noch heiß über die Zucchini träufeln und alles mit reichlich Dill garnieren.

ORANGEN-FENCHEL-SALAT
MIT SÜSSKARTOFFELN

30 MINUTEN

2 Süßkartoffeln (ca. 400 g)
2 EL Sonnenblumenöl
Salz
2 Orangen
4 EL Olivenöl
2 EL Weißweinessig
1 TL Honig
1 TL körniger Senf
Pfeffer
1 Fenchelknolle
50 g schwarze Oliven, entsteint und halbiert
einige Kräuter zum Garnieren (Dill oder Kerbel)

Den Backofen auf 200 °C (Oberhitze) vorheizen. Die Süßkartoffeln schälen und in Ecken schneiden, mit etwas Sonnenblumenöl und Salz mischen und auf einem Backblech verteilen. Im Ofen auf der mittleren Schiene etwa 10 Minuten karamellisieren. Danach herausnehmen und etwas abkühlen lassen.

Währenddessen die Orangen schälen und in dünne Scheiben schneiden, dabei den austretenden Saft auffangen. Die Scheiben fächerförmig auf eine Platte legen. Den aufgefangenen Orangensaft mit Olivenöl, Essig, Honig, Senf, Salz und Pfeffer zu einem Dressing verrühren.

Die Fenchelknolle putzen, waschen und auf der Gemüsereibe direkt in das Dressing hobeln, alles gut mischen. Zuletzt die Süßkartoffelecken zum Fenchelsalat geben und alles auf den Orangen anrichten, mit Oliven und Kräutern garnieren.

TIPP

Als Farbtupfer passen noch Radieschen dazu – einfach auch über den Salat hobeln.

BOHNEN-NUDEL-SALAT

MIT OLIVEN-DILL-MARINADE

30
MINUTEN

160 g kleine Nudeln (z. B. Orecchiette)
Salz
250 g grüne Bohnen oder Stangenbohnen
1 rote Zwiebel
20 schwarze Oliven (z. B. Taggiasca oder Kalamata)
ca. 20 Kapernfrüchte
1 Bund Dill
½ Bio-Zitrone
8 EL Olivenöl
Pfeffer

Die Nudeln in reichlich Salzwasser nach Packungsangabe al dente garen. Mit dem Schaumlöffel herausnehmen (Wasser nicht abgießen) und auf einem Blech verteilt abkühlen lassen.

Inzwischen die Bohnen putzen, waschen und schräg in etwa 2 cm lange Stücke schneiden, danach im kochenden Salzwasser der Nudeln auch bissfest garen. In ein Sieb abgießen, kalt abschrecken und abtropfen lassen.

Inzwischen die Zwiebel schälen und in Streifen schneiden. Dann in ein Sieb geben, kurz unter heißem Wasser abbrausen (das entfernt den Zwiebelsaft und verhindert die Oxidation!) und abtropfen lassen. In einer Schüssel Nudeln, Bohnen, Zwiebel, Oliven und Kapernfrüchte mischen.

Den Dill waschen, trocken tupfen, die Spitzen abzupfen und grob hacken. Die Zitrone heiß waschen, abtrocknen und samt Schale in kleine Würfel schneiden. Mit Dill, Olivenöl, Salz und Pfeffer zum Nudelsalat geben und gründlich untermischen. Zum Servieren den Salat auf Tellern anrichten.

WASSERMELONEN-ERDBEER-SALAT

MIT GARNELEN

15 MINUTEN

800 g Wassermelone (oder Honigmelone)
150 g feste Erdbeeren
½ Salatgurke
200 g gegarte Garnelen, geschält und entdarmt
1 EL Holunderblütensirup
6 EL Olivenöl
Saft von ½ Zitrone
Salz, Pfeffer
3 EL Pinienkerne, geröstet
einige Minze- oder Basilikumblätter zum Garnieren

Die Melone schälen und in kleine Stücke schneiden. Die Erdbeeren waschen, putzen und halbieren. Die Gurke schälen, längs halbieren und in Scheiben schneiden. Die Garnelen in einem Sieb abbrausen und abtropfen lassen. Melone, Erdbeeren, Gurke und Garnelen in eine Salatschüssel geben.

Für das Dressing den Holunderblütensirup mit Olivenöl und Zitronensaft gut verrühren, unter die Salatzutaten heben und alles vorsichtig durchmischen.

Zum Servieren den Salat mit Salz und Pfeffer abschmecken und auf Tellern anrichten. Mit den gerösteten Pinienkernen und den Kräutern bestreuen.

ORIENTALISCHER SPITZKOHLSALAT

MIT PFIRSICH UND ZIMTCROÛTONS

25 MINUTEN

1 kleiner Spitzkohl (ca. 800 g)
Salz
1 rote Zwiebel
1 EL Weißweinessig
2 feste, aromatische Pfirsiche
1 Bund Koriandergrün
4 EL Granatapfelkerne

6 EL Olivenöl
Pfeffer
2 rote Peperoni, entkernt und in Ringe geschnitten
1 EL Zitronensaft
4 Scheiben Kastenbrot
50 g Butter
2 EL heller Sesam, geröstet
½ TL Zimtpulver

Den Spitzkohl vierteln, äußere Blätter und harten Strunk entfernen und die Kohlviertel in feine Streifen schneiden. Leicht salzen und kräftig durchmengen.

Die Zwiebel schälen, in dünne Streifen schneiden und mit kochendem Wasser und etwas Essig übergießen, kurz ziehen lassen, dann in ein Sieb abgießen.

Die Pfirsiche waschen, vierteln, entsteinen und in Scheiben schneiden. Das Koriandergrün waschen, trocken tupfen, die Blätter abzupfen und fein hacken.

Kohl, Zwiebel, Pfirsiche und Granatapfelkerne in einer großen Schüssel mit Olivenöl, Salz und Pfeffer mischen. Koriandergrün und Peperoniringe darüberstreuen, alles mit Zitronensaft abschmecken.

Das Kastenbrot in etwa 1 cm große Würfel schneiden und in einer Pfanne in der Butter unter Wenden goldbraun rösten. Zuletzt mit Sesam und Zimt bestreuen. Den Salat auf Tellern anrichten und mit den Zimtcroûtons bestreuen.

TIPP

Wer mag, bröckelt zusätzlich etwas Ziegenkäse über diesen sommerlichen Salat!

ENDIVIEN-KARTOFFEL-SALAT

MIT PANCETTA

25
MINUTEN

1 EL mittelscharfer Senf
2 EL Weißweinessig
6 EL Sonnenblumenöl
Salz, Pfeffer
300 g kleine festkochende Pellkartoffeln, mit Schale gegart
1 weiße Zwiebel

200 g Pancetta (in Scheiben; ital. Speck)
1 Endiviensalat (oder Puntarelle oder Chicorée)
1 kleines Bund Radieschen
20 schwarze Oliven (z. B. Taggiasca oder Kalamata), entsteint

Für die Vinaigrette in einer großen Schüssel Senf, Essig, Sonnenblumenöl, Salz und Pfeffer verrühren.

Die gegarten Kartoffeln pellen und je nach Größe halbieren oder vierteln. Die Zwiebel schälen und fein würfeln. Die Pancetta in Stücke schneiden und in einer großen Pfanne mit Kartoffeln und Zwiebel etwa 10 Minuten anbraten, bis alles goldbraun geröstet ist.

Inzwischen den Endiviensalat putzen und in lauwarmem Wasser waschen (das entzieht Bitterstoffe!), trocken schleudern und in die Vinaigrette geben. Den Kartoffel-Pancetta-Mix hinzufügen und alles gut mischen.

Zum Servieren die Radieschen putzen, waschen und in dünne Scheiben schneiden. Den Salat auf tiefen Tellern anrichten und großzügig mit Oliven und Radieschen garnieren.

TIPP

Achtung, für diesen Salat benötigt ihr gegarte Kartoffeln - das Garen könnt ihr zum Beispiel schon am Vorabend erledigen!

Puntarelle heißt wörtlich übersetzt »kleine Spitzen«. Man versteht darunter die feinen Blätter einer italienischen Chicorée-Art.

CARPACCIO
VON DER CEDRAT-ZITRONE

20 MINUTEN	**1 Cedrat- oder Amalfi-Zitrone (Saison November–Frühjahr; oder 1 Avocado)** **1 Bund Rucola** **8 Scheiben Fenchelsalami**	1 EL Meersalzflocken **100 g Parmesan (Parmigiano reggiano, am Stück)** 80–100 ml Olivenöl

Die Zitrone heiß waschen, abtrocknen und samt Schale quer in möglichst dünne Scheiben schneiden (alternativ mit einem scharfen Gemüsehobel arbeiten). Den Rucola verlesen, waschen und trocken tupfen, dabei grobe Stiele entfernen.

Die Salamischeiben in einer Pfanne ohne Fett auf jeder Seite knusprig anbraten.

Zum Servieren die Zitronenscheiben leicht überlappend auf einer Platte auslegen, mit Meersalzflocken bestreuen und reichlich Parmesan darüberhobeln. Alles mit dem Olivenöl beträufeln und mit dem Rucola garnieren. Zuletzt die Fenchelsalami-Chips darüberstreuen.

TIPP

Falls keine Saison für Cedrat-Zitronen ist (s. S. 47), könnt ihr das Rezept mit Avocado zubereiten! Die Avocadoscheiben am besten mit Zitronensaft beträufeln, damit sie sich nicht bräunlich verfärben.

SAUER UND SPRITZIG

DIE BELIEBTESTEN ZITRUSFRÜCHTE

Wer schon mal versucht hat, in unseren Breiten ein Zitronenbäumchen zu pflanzen, weiß es längst: Zitrone, Limone und Co. fühlen sich am wohlsten im warmen Süden, rund um Spanien, Italien, Griechenland und die Türkei. Dort finden sie alles, was sie brauchen, um ihr volles Aroma zu entfalten.

Zitronen stammen ursprünglich aus China und Asien – in diesen Gegenden züchtet man die gelben Früchte bereits seit über 1000 Jahren. Zitronen besitzen ein saftiges, sehr saures Fruchtfleisch, wobei man zahlreiche Sorten je nach Größe, Form, Farbe, Schalendicke, Kerngehalt und Geschmack unterscheidet. Sie sind ganzjährig erhältlich, für die Schale sollte man immer Bio-Ware verwenden. Denn im Öko-Anbau von Zitrusfrüchten dürfen keine chemischen Pflanzenschutzmittel eingesetzt werden, ebenso werden die Schalen der Früchte nach der Ernte nicht behandelt.

Limetten sind so etwas wie die Schwestern der Zitronen. Sie sind rundlich bis oval, eher grün und haben eine dünnere Schale. Das Fruchtfleisch von Limetten ist wesentlich saftiger als das von Zitronen. Der Geschmack ist ebenfalls sauer, aber milder. Auch sie werden ganzjährig angeboten.

Cedrat-Zitronen zählen zu den ältesten Zitronensorten. Sie heißen auch Zitronat- oder Amalfi-Zitronen. Cedrat-Zitronen sind saftiger als normale Zitronen und haben eine dicke Schale, die man mitessen kann. Alle Zitrusfrüchte weisen eine aus zwei Schichten bestehende Schale auf. Je nach Art und Sorte ist die Fruchtschale unterschiedlich dick. Bei der Zitronatzitrone nimmt sie zum Beispiel fast die ganze Frucht ein. Ihre dicke, runzelige Schale ist roh sehr herb, die Frucht galt seinerzeit auch als Heilmittel. Die kandierte Schale wird zu Zitronat verarbeitet. Heute wird die Cedrat-Zitrone vorwiegend auf Kreta, Sizilien und in Marokko angebaut und zu Zitronat, Marmelade, Carpaccio oder Cedrata (italienisches Zitronenwasser) verarbeitet.

Orangen sind weniger sauer als Zitronen, dafür aber sehr saftig und erfrischend. Sie verleihen nicht nur Dressings und Vinaigrettes eine herbsüße Note, sondern passen auch hervorragend über Croûtons, Geflügel oder Fisch. Orangen haben ihre Hauptsaison zwischen Dezember und April, lassen sich allerdings bis zu drei Monaten lagern. Wer die Schale verwenden möchte, sollte am besten ungespritzte Bio-Ware verwenden. Neben gewöhnlichen Orangen sind die Navel-Orangen bekannt – sie sind kernlos und bilden unter einem Nabel eine kleine Zweitfrucht – sowie die Blutorangen mit ihrem saftig-roten Fruchtfleisch. Zu den Orangen zählen botanisch übrigens auch die Bitterorangen oder Pomeranzen sowie die Bergamotte.

OFENKAROTTEN

MIT ORANGENJOGHURT

25 MINUTEN

Öl für das Blech
Salz
1 TL Zucker
1 Bund Bio-Karotten (ca. 1kg; mit Grün)
6 Sternanis
2 EL Olivenöl

abgeriebene Schale und Saft von ½ Bio-Orange
Pfeffer
200 g Naturjoghurt (10 % Fett)
1 kleines Bund Estragon (oder Petersilie)

Den Backofen auf 200 °C Umluft vorheizen. Ein Backblech leicht mit Öl einfetten und mit Salz und etwas Zucker bestreuen.

Die Karotten putzen, mit der Gemüsebürste gründlich waschen und das Grün bis auf etwa 2 cm entfernen, dann der Länge nach halbieren. Dann mit der Schnittfläche nach unten auf dem Blech verteilen. Den Sternanis in kleine Stücke brechen und über die Karotten streuen. Die Karotten im Ofen auf der mittleren Schiene etwa 15 Minuten goldbraun garen.

Währenddessen für den Dip Olivenöl, Orangenschale und -saft, Salz und Pfeffer verrühren und unter den Joghurt mischen. Den Estragon waschen, trocken tupfen, die Blätter abzupfen und fein hacken.

Die Ofenkarotten aus dem Ofen nehmen, mit dem Orangenjoghurt anrichten und mit den Estragonblättern garnieren.

TIPP

Die würzigen Ofenkarotten schmecken sehr gut zu gegrilltem Hähnchen!

SALAT-WRAPS

MIT HACKFÜLLUNG UND GRANATAPFELDIP

25
MINUTEN

1 kleine rote Zwiebel
1 rote Spitzpaprika
2 Frühlingszwiebeln
1 roter Peperoncino
2 große Romanasalate
6 EL Sonnenblumenöl
400 g Rinder- oder Lammhackfleisch
Salz, Pfeffer
abgeriebene Schale und Saft von 2 Bio-Limetten
1 Stück Ingwer (2 cm)
1 Knoblauchzehe

FÜR DEN DIP:

1 kleines Bund Minze
150 g Naturjoghurt (10 % Fett)
50 g Granatapfelkerne
2 EL Olivenöl
Salz

Die Zwiebel schälen und in Streifen schneiden. Die Paprika halbieren, entkernen, waschen und in Streifen schneiden. Die Frühlingszwiebeln putzen, waschen und in dünne Ringe schneiden. Den Peperoncino waschen und hacken.

Von den Salaten die äußeren schönen Blätter ablösen (pro Person 2 Stück) und waschen, dann beiseitelegen. Vom Rest den harten Strunk entfernen und die Salatherzen in Streifen schneiden. Zwiebel und Paprika in einer Pfanne in 2 EL Sonnenblumenöl kurz anbraten, Frühlingszwiebeln und Peperoncino dazugeben. Herausnehmen und beiseitestellen.

Für die Füllung das Hackfleisch mit Salz und Pfeffer würzen und in der Pfanne in 2 EL Sonnenblumenöl unter Rühren krümelig anbraten, Limettenschale und -saft dazugeben. Ingwer und Knoblauch schälen und dazureiben bzw. dazupressen. Zuletzt den Gemüse-Mix untermischen.

Für den Dip die Minze waschen, trocken tupfen, die Blätter abzupfen und fein hacken. Den Joghurt mit Granatapfelkernen, Olivenöl, Salz und Minze verrühren.

Zum Servieren die Füllung noch lauwarm mit den Salatstreifen mischen und in die beiseitegelegten Salatblätter wickeln. Falls nötig, mit kleinen Holzspießen fixieren. Mit dem Granatapfeldip servieren.

ESSIG-KARAMELL-BIRNEN
MIT SPINAT UND ROQUEFORT

20
MINUTEN

2 feste Birnen
1 EL Zucker
3 EL Olivenöl,
plus mehr zum Beträufeln
(nach Belieben)
2 EL Balsamico-Essig
Saft und Schalenstreifen
von 1 Bio-Orange

2 EL Rosinen
Salz, Pfeffer
1 Beutel Baby-Spinat (ca. 200 g)
80–100 g Roquefort (oder Gorgonzola; am besten angefroren)
50 g Pinienkerne, geröstet

Die Birnen waschen, vierteln und entkernen. Die Viertel in Spalten schneiden. Den Zucker in einer kleinen Pfanne karamellisieren, das Olivenöl dazugeben und die Birnen darin kurz anbraten. Mit Essig und Orangensaft ablöschen, dann Rosinen und Orangenschale dazugeben. Den Sud kurz einkochen und alles mit Salz und Pfeffer abschmecken.

Den Spinat verlesen, waschen und trocken tupfen. Zum Servieren den Spinat auf Tellern verteilen, die Birnenspalten darauf anrichten und mit dem Essigsud beträufeln.

Den gefrorenen Roquefort darüberraspeln und alles mit gerösteten Pinienkernen bestreuen. Nach Belieben noch etwas Olivenöl darüberträufeln.

TIPP

Zum Karamellisieren eignen sich am besten die Birnensorten Santa Maria oder auch Forellenbirnen. Alternativ kann man statt Birnen auch feste Kakifrüchte verwenden!

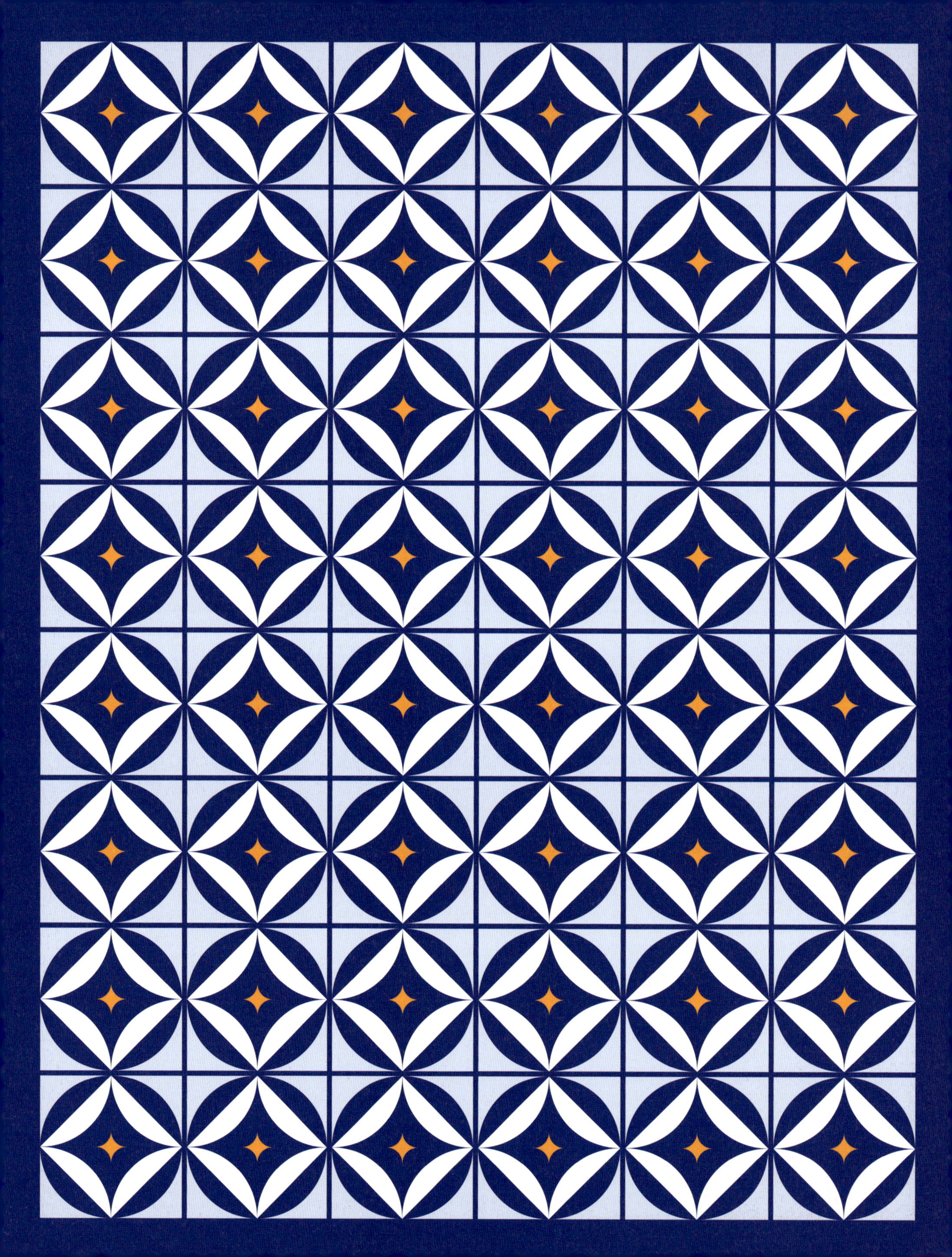

SUPPEN

GERÄUCHERTE PAPRIKASUPPE

MIT WALNÜSSEN

30 MINUTEN

1 weiße Zwiebel
2 Knoblauchzehen
2 rote Paprika
1 Zweig Thymian
80 g Walnusskerne
50 g Butter

1 EL geräuchertes Paprikapulver
600 ml Gemüse- oder Hühnerbrühe
150 ml Crème fraîche oder Naturjoghurt (10 % Fett), plus 50 g zum Garnieren

Zwiebel und Knoblauch schälen und in dünne Scheiben schneiden. Die Paprika längs halbieren, entkernen und klein schneiden. Den Thymianzweig waschen und trocken tupfen. Inzwischen 8–12 Walnusshälften in einer Pfanne ohne Fett hell rösten, herausnehmen und abkühlen lassen.

In einem Topf die Butter erhitzen und Zwiebel und Knoblauch darin andünsten. Dann Paprika, Thymianzweig, restliche Walnüsse und Paprikapulver hinzufügen und alles etwa 10 Minuten weich dünsten. Mit der Brühe aufgießen und zugedeckt noch etwa 10 Minuten köcheln lassen.

Zum Servieren den Thymian wieder entfernen, die Crème fraîche hinzufügen und die Suppe im Topf mit dem Stabmixer fein pürieren. Auf Schalen oder tiefe Teller verteilen, jeweils mit 1 Klecks Crème fraîche und gerösteten Walnüssen garnieren.

TIPP

Wer will, kann die Crème fraîche mit einem kleinen Löffel spiralförmig in der Suppe verteilen und noch etwas gerösteten Schwarzkümmel darüberstreuen.

ROTE-LINSEN-SUPPE

MIT ZWIEBELRINGEN

30
MINUTEN

2 Zwiebeln
1 Knoblauchzehe
2 Karotten
1 EL Mehl
1 EL Sonnenblumenöl
50 g Butter
250 g rote Linsen
1 EL Tomatenmark

1 EL Gemüse- oder Fleischbrühe
1 Stängel Minze
Salz, Pfeffer
1 TL Ducca (arab. Gewürz; oder Cumin)
etwas Zitronensaft und Olivenöl zum Beträufeln (nach Belieben)

Die Zwiebeln schälen und halbieren, 3 Hälften fein würfeln. Den Knoblauch schälen und fein würfeln. Die Karotten putzen, schälen und klein würfeln.

Die übrige Zwiebelhälfte in Ringe schneiden, trocken tupfen, mit Mehl bestäuben und in einer Pfanne im Sonnenblumenöl knusprig braten. Herausnehmen und auf Küchenpapier abtropfen lassen.

Inzwischen die Zwiebel- und Knoblauchwürfel in einem Topf in der Butter andünsten. Karotten, Linsen und Tomatenmark dazugeben und mit der Brühe aufgießen. Alles zugedeckt etwa 20 Minuten weich köcheln lassen.

Zum Servieren die Minze waschen und trocken tupfen. Die Suppe mit Salz, Pfeffer und Ducca würzen. Im Topf mit dem Stabmixer kurz pürieren – sie darf noch etwas stückig sein. Dann nochmals abschmecken, auf tiefe Teller oder Schalen verteilen und mit Zwiebelringen und Minze garnieren. Nach Belieben mit Zitronensaft und Olivenöl beträufeln.

TIPP

Wer will, röstet noch 2 EL Mandelblättchen in einer Pfanne ohne Fett kurz an. Etwas abkühlen lassen und zum Schluss mit Zwiebelringen und Minze über die Suppe streuen.

GAZPACHO

MIT BURRATA UND KRÄUTERÖL

25
MINUTEN

8 grüne Tomaten (siehe Tipp oder rote Tomaten)
1 Salatgurke
1 Frühlingszwiebel
1 Bund Basilikum
1 kleines Bund Petersilie
Salz, Pfeffer

110 ml Olivenöl
2 EL weißer Balsamico-Essig
1 TL grobes Meersalz
½ Baguette
1 junge Knoblauchzehe
4 Kugeln Burrata (oder normaler Mozzarella)

Den Backofen auf 200 °C (Oberhitze) vorheizen. Die Tomaten waschen und vierteln, dabei die Stielansätze entfernen. Die Gurke putzen, waschen und grob würfeln. Die Frühlingszwiebel putzen, waschen und grob schneiden. Basilikum und Petersilie waschen, trocken tupfen und die Blätter abzupfen. Etwa 20 Basilikumblätter für das Kräuteröl beiseitelegen.

Tomaten, Gurke, Frühlingszwiebel, übriges Basilikum und Petersilie mit Salz, Pfeffer, 4 EL Olivenöl und Essig mischen und etwa 10 Minuten ziehen lassen. Dann alles mit dem Stabmixer pürieren und bis zum Servieren kühl stellen.

Für das Kräuteröl die beiseitegelegten Basilikumblätter mit grobem Meersalz und übrigen 50 ml Olivenöl im Mörser gut zerreiben. Das Baguette im Ganzen außen mit der halbierten Knoblauchzehe einreiben, in dünne Scheiben schneiden und im Backofen etwa 5 Minuten rösten.

Zum Servieren die kühle Suppe auf Schalen verteilen, je 1 Burrata in die Mitte legen und mit dem Kräuteröl beträufeln. Die gerösteten Brotscheiben dazu reichen.

TIPP

Hinter der Zutat »grüne Tomaten« verbirgt sich eine besondere grünfleischige Sorte. Sie sind reif, wenn das Fruchtfleisch beim leichten Druck auf die Haut etwas nachgibt.

Die Suppe wird feiner, wenn man die Zutaten nach dem Mixen durch ein Sieb streicht und ggf. einen kleinen Schuss Mineralwasser (mit Kohlensäure) hinzufügt.

WEISSE-BOHNEN-SUPPE

MIT TAPENADE-SAUCE

20
MINUTEN

1 weiße Zwiebel
1 Knoblauchzehe
1 Dose weiße Bohnen (ca. 400 g Abtropfgewicht)
1 Stängel Bohnenkraut
1 EL Olivenöl
600 ml Gemüse- oder Hühnerbrühe
Salz, Pfeffer

FÜR DIE SAUCE:

2 EL schwarze Olivenapenade (s. Rezept S. 65)
1 EL Gemüse- oder Hühnerbrühe
1 EL Olivenöl

Zwiebel und Knoblauch schälen und in feine Würfel schneiden. Die Bohnen in einem Sieb abbrausen und gut abtropfen lassen. Das Bohnenkraut waschen.

In einem Topf das Olivenöl erhitzen und Zwiebel und Knoblauch darin andünsten. Alles mit der Brühe aufgießen, Bohnenkerne und Bohnenkraut hinzufügen und alles zugedeckt etwa 5 Minuten weich garen.

Inzwischen für die Sauce alle Zutaten in einer kleinen Schüssel gut verrühren.

Anschließend die Suppe mit Salz und Pfeffer abschmecken und das Bohnenkraut wieder entfernen. Die Bohnensuppe im Topf mit dem Stabmixer pürieren. Zum Servieren die Suppe auf Schalen oder tiefe Teller verteilen und die Tapenade-Sauce klecksartig darübergeben.

DAS GRÜNE GOLD

DAS WICHTIGSTE RUND UM OLIVEN UND OLIVENÖL

Die alten Griechen salbten die Körper ihrer Olympioniken mit Olivenöl und schenkten dem Sieger Amphoren voll mit dem »grünen Gold«. Dass es sich bei Olivenöl um ein sehr hochwertiges Produkt handelt, ist inzwischen wissenschaftlich erwiesen – und dazu auch noch praktisch, weil vielseitig in der Küche einsetzbar.

Oliven zählen zu den ältesten Genüssen der Weltgeschichte und sind ein fester Bestandteil aller mediterranen Küchen. Heute gibt es zahlreiche Sorten, die sich in Größe, Farbe, Geschmack und Ölgehalt unterscheiden. Die Farbe hängt wesentlich vom Erntezeitpunkt ab: Grüne Oliven wie Taggiasca werden noch unreif geerntet, schwarze Sorten wie Kalamata dürfen am Baum länger reifen. Allerdings muss den grün geernteten Früchten zunächst noch das bittere Aroma entzogen werden – zu diesem Zweck werden sie eine Zeit lang in Wasser eingelegt, wodurch die Bitterstoffe ausgeschwemmt werden. Im Handel findet man Oliven mal mit Stein und mal ohne; mit allem Möglichen gefüllt oder ungefüllt; in Öl oder einfach nur in Salzlake eingelegt.

SELBST GEMACHTE TAPENADE:

Für ca. 100 g: 4 braune Champignons putzen, mit einem Küchentuch abreiben und fein würfeln. 1 Schalotte und ½ Knoblauchzehe schälen und ebenfalls fein würfeln. 2 EL Olivenöl in einer Pfanne erhitzen und Pilze, Schalotte und Knoblauch darin kurz andünsten. Vom Herd nehmen und abkühlen lassen, dann mit 4 EL schwarzen Oliven (entsteint), der abgeriebenen Schale von ½ Bio-Zitrone, Salz, Pfeffer und Cayennepfeffer im Standmixer grob pürieren.

Olivenöl ist im Mittelmeerraum ein gebräuchliches Pflanzenöl, da es vielerorts gepresst wird und fast überall relativ günstig erhältlich ist. Entscheidend für die Qualität ist immer die Art der Pressung. Die erste, kalte Pressung erzeugt ein hellgelbes bis grünliches Öl, das wegen seines feinen Geschmacks als das Beste gilt – im Handel als »extra vergine« oder »extra nativ« ausgezeichnet. Aus der zweiten Pressung stammt dann das helle Olivenöl, das etwas weniger aromatisch, aber dafür höher erhitzbar ist.

QUALITÄTSSTUFEN OLIVENÖL

nativ extra:
- erste Pressung, mechanisch gewonnen
- besonders aromatisch für die kalte Küche, zu schade zum Kochen

nativ:
- mechanisch gewonnen
- geeignet für die kalte Küche und mäßiges Erhitzen (zum Beispiel Dünsten)

raffiniert:
- unter Hitzeeinwirkung und/oder mit physikalischen und chemischen Methoden gewonnen
- hitzestabil, zum Braten geeignet

AIGO BOULIDO

PROVENZALISCHE KNOBLAUCHSUPPE

25
MINUTEN

6 Knoblauchzehen
12 Salbeiblätter
2 Lorbeerblätter
1 l Gemüsebrühe
8 Baguettescheiben

2 EL Olivenöl
50 g Comté (oder Gruyère)
4 sehr (!) frische Bio-Eigelb

Die Knoblauchzehen schälen und grob zerdrücken, dann in einem Topf mit dem Salbei und den Lorbeerblättern in der Brühe aufkochen.

Alles bei gut 90 °C (Speisethermometer!) etwa 15 Minuten ziehen lassen. Anschließend den Knoblauch und die Kräuter wieder entfernen.

Inzwischen die Baguettescheiben im Toaster knusprig rösten. Herausnehmen, auf Teller setzen, mit Olivenöl beträufeln und den Käse darüberreiben.

Zum Servieren je 1 rohes Eigelb in vorgewärmte tiefe Teller setzen und mit der heißen Suppe übergießen. Die Baguettescheiben dazu reichen.

TIPP

Diese Suppe aus der Provence trägt den Namen »gekochtes Wasser«. Die Herkunft lässt sich leicht nachvollziehen, kommt es hierbei doch hauptsächlich auf die Zutaten an, die nur kurz in Brühe oder Wasser gegart werden.

SOUPE AU PISTOU

PROVENZALISCHE GEMÜSESUPPE

25
MINUTEN

1 Bund Suppengrün (Karotte, Sellerie, Lauch, Petersilie)
1 weiße Zwiebel
1 mehligkochende Kartoffel
150 g grüne Bohnen (oder weiße Bohnen aus der Dose)
12 Kirschtomaten
1 TL Olivenöl
1 l Gemüse- oder Hühnerbrühe
1 Lorbeerblatt

FÜR DAS PISTOU:

1 Bund Basilikum
1 große Knoblauchzehe
½ TL grobes Meersalz
8 EL Olivenöl
40 g geriebener Parmesan

Das Suppengrün putzen und waschen bzw. schälen, dann klein würfeln. Die Zwiebel schälen und fein würfeln. Die Kartoffel schälen und klein würfeln. Die grünen Bohnen putzen und waschen (die weißen in einem Sieb abbrausen und abtropfen lassen). Die Tomaten waschen und halbieren.

In einem Topf das Öl erhitzen und Suppengrün und Zwiebel darin andünsten. Dann mit der Brühe aufgießen, Kartoffel, grüne Bohnen und Lorbeerblatt dazugeben und das Gemüse zugedeckt etwa 8 Minuten bissfest garen. Zuletzt die Kirschtomaten hinzufügen und die Suppe noch etwa 5 Minuten ziehen lassen.

Inzwischen für das Pistou das Basilikum waschen, trocken tupfen und die Blätter abzupfen. Den Knoblauch schälen, mit Basilikum und Meersalz im Mörser zerreiben, nach und nach das Olivenöl dazugeben. Zuletzt mit dem Parmesan zu einer Paste verrühren.

Zum Servieren das Lorbeerblatt entfernen und ggf. die weißen Bohnen in die Suppe geben. Die Suppe in tiefen Tellern anrichten und mit dem Pistou beträufeln.

KOHLRABISUPPE

MIT BRUNNENKRESSE UND SUMACH

25 MINUTEN

2 Kohlrabi
1 weiße Zwiebel
2 EL Sonnenblumenöl
½ l Gemüsebrühe
Salz, Pfeffer
Zucker

150 g Naturjoghurt (10 % Fett)
1 kleines Bund Brunnenkresse (oder 1 Beet Gartenkresse)
Sumach (türk. Gewürz)

Die Kohlrabi putzen, schälen und in Scheiben schneiden. 4 dünne Kohlrabischeiben in feine Streifen schneiden und zum Garnieren beiseitelegen. Die restlichen Kohlrabi klein würfeln. Die Zwiebel schälen und fein würfeln.

In einem Topf das Öl erhitzen und Zwiebel und Kohlrabiwürfel darin andünsten. Mit der Brühe aufgießen, mit Salz, Pfeffer und 1 Prise Zucker würzen und zugedeckt etwa 10 Minuten weich garen.

Zum Servieren den Joghurt unter die Suppe rühren und alles mit dem Stabmixer fein pürieren. Die Brunnenkresse waschen und trocken tupfen.

Die Suppe in tiefen Tellern oder Schalen anrichten, mit den beiseitegelegten Kohlrabistreifen und der Kresse garnieren, zuletzt mit Sumach bestreuen.

TIPP

Sumach zählt zu den typischen Gewürzen der türkischen Küche. Es wird aus den Samen der zerstoßenen Früchte des Essigbaums gewonnen und verleiht Gerichten einen herb-säuerlichen Geschmack. Vor allem über Salate, bestimmte Gemüsegerichte und Linsen wird es gestreut.

GELBE ZUCCHINISUPPE

MIT ZITRONE

25
MINUTEN

1 Zwiebel
1 Knoblauchzehe
2 gelbe Zucchini (ca. 500 g; oder grüne Zucchini)
4 gelbe Eiertomaten
1 kleines Bund Thymian
1 Bio-Zitrone
4 EL Olivenöl

½ l Gemüsebrühe
2 Lorbeerblätter
Salz, Pfeffer
1 Msp. Chilipulver oder frische rote Chili, nach Belieben
4 TL Crème fraîche (nach Belieben)

Zwiebel und Knoblauch schälen und fein würfeln. Die Zucchini putzen, waschen und klein würfeln. Die Tomaten waschen und klein schneiden, dabei die Stielansätze entfernen. Den Thymian waschen, trocken tupfen und die Blätter abzupfen. Die Zitrone heiß waschen, abtrocknen und die Schale fein abreiben, dann die Zitrone halbieren und auspressen.

In einem Topf 2 EL Olivenöl erhitzen und Zwiebel und Knoblauch darin andünsten. Zucchini und Tomaten dazugeben und alles etwa 5 Minuten dünsten. Dann mit der Brühe aufgießen, Thymian, Zitronenschale und Lorbeerblätter hinzufügen und alles zugedeckt etwa 10 Minuten weich garen.

Zum Servieren die Suppe mit Salz, Pfeffer und frischer Chili abschmecken, im Topf mit dem Stabmixer pürieren und in tiefen Tellern oder Schalen anrichten. Mit Zitronensaft und übrigem Olivenöl beträufeln und nach Belieben mit je 1 TL Crème fraîche garnieren.

TIPP

Wer will, setzt noch essbare Blüten z. B. wie hier gelbe Stiefmütterchen auf die Suppe!

TOMATENSUPPE

MIT FENCHELBLÜTEN UND CROÛTONS

30
MINUTEN

1 Zwiebel
1 kleine Knoblauchzehe
1 Fenchelknolle
2 EL Olivenöl
Salz, Pfeffer
Zucker
1 TL Fenchelblüten

1 große Dose Schältomaten (ca. 800 g)
¼ l Gemüsebrühe
2 Scheiben Kastenbrot
40 g Butter
abgeriebene Schale von 1 Bio-Orange

Zwiebel und Knoblauch schälen, die Zwiebel fein würfeln. Den Fenchel putzen und waschen, dabei die äußere Schicht entfernen (am besten noch für eine Gemüsebrühe verwenden!). Den Fenchel längs in feine Streifen schneiden.

Das Öl in einem Topf erhitzen und Zwiebel und Fenchel darin zugedeckt etwa 10 Minuten weich dünsten. Mit Salz, Pfeffer, 1 Prise Zucker und Fenchelblüten würzen. Ein Drittel des gedünsteten Fenchels herausnehmen und als Einlage beiseitestellen. Knoblauch, Schältomaten und Brühe hinzufügen und alles kurz aufkochen, dann im Topf mit dem Stabmixer fein pürieren. Die Suppe durch ein Haarsieb passieren und nochmals abschmecken.

Zum Servieren das Kastenbrot entrinden, klein würfeln und in einer kleinen Pfanne in der Butter goldbraun rösten. Mit der Orangenschale verfeinern. Die Suppe mit dem beiseitegestellten Fenchel und den Croûtons anrichten. Nach Belieben mit etwas Fenchelgrün oder Fenchelblüten garnieren.

TIPP

Anstelle der Fenchelblüten lassen sich genauso Fenchelsamen oder der Inhalt aus Fenchelteebeuteln verwenden.

AUBERGINEN-TOMATEN-SUPPE

MIT SESAM

30
MINUTEN

2 Auberginen
4 Tomaten
2 Schalotten
1 rote Spitzpaprika
1–2 Knoblauchzehen
6 EL Olivenöl, plus 2 EL zum Garnieren

Salz
2 EL Tahin (Sesampaste)
½–¾ l Gemüsebrühe
1 TL gemahlene Harissa
200 g Crème fraîche
2 EL heller Sesam, geröstet
Saft von ½ Zitrone

Den Backofen auf 200 °C (Umluft) vorheizen. Ein Backblech mit Backpapier auslegen. Die Auberginen putzen, waschen und schälen, dann in etwa 2 cm dicke Scheiben schneiden. Die Tomaten waschen und vierteln, dabei die Stielansätze entfernen. Die Schalotten schälen und vierteln. Die Spitzpaprika halbieren, entkernen und waschen. Den Knoblauch schälen.

Das Gemüse auf dem Blech verteilen, mit Olivenöl beträufeln und salzen. Dann im Ofen auf der mittleren Schiene etwa 20 Minuten rösten. Anschließend mit Tahin und Brühe in einen Topf geben und alles einmal aufkochen. Die Suppe im Topf mit dem Stabmixer fein pürieren und mit Harissa abschmecken.

Zum Servieren die Suppe auf Schalen oder Gläser verteilen und mit Crème fraîche und Sesam garnieren, mit etwas Olivenöl und Zitronensaft beträufeln.

TIPP

Statt Tahin kann man auch 1 Handvoll Walnusskerne in der Suppe mitpürieren!

ERBSEN-KOKOS-SUPPE

MIT WASABI UND QUINOA

25 MINUTEN

120 g weiße Quinoa
Salz
3 Schalotten
1 Knoblauchzehe
1 Handvoll Basilikumblätter
2 EL Sonnenblumenöl
2–3 dünne Scheiben Ingwer
500 g grüne Erbsen (TK)
½ l Kokosmilch
½ l Gemüse- oder Hühnerbrühe
einige Minzeblätter zum Garnieren

FÜR DIE WASABI-CREME:

150 g Crème fraîche
1 TL Wasabi-Paste
1 TL Zitronensaft
Salz

Die Quinoa in einem Sieb abbrausen, in einem Topf mit der zweifachen Menge Wasser (240 ml) und etwas Salz kurz aufkochen und zugedeckt bei schwacher Hitze etwa 18 Minuten garen. Inzwischen Schalotten und Knoblauch schälen und separat fein würfeln. Das Basilikum waschen und trocken tupfen.

Für die Wasabi-Creme alle Zutaten in einer Schale gründlich verrühren.

In einem Topf das Sonnenblumenöl erhitzen und die Zwiebelwürfel darin andünsten. Dann Knoblauch, Ingwer und Erbsen dazugeben, alles mit der Kokosmilch und der Brühe aufgießen und etwa 2 Minuten köcheln lassen.

Zum Servieren die gegarte Quinoa und das frische Basilikum zur Suppe hinzufügen und alles im Topf mit dem Stabmixer fein pürieren. Die Suppe nochmals abschmecken, in tiefen Tellern oder Schalen anrichten und mit Minzeblättern und Wasabi-Creme garnieren.

SCHNELLE FISCHSUPPE

30
MINUTEN

2 Frühlingszwiebeln
1 Karotte
1 kleine Fenchelknolle
1 Knoblauchzehe
4 Garnelen mit Kopf und Schale (Größe: 8/12er)
600 g weißes Fischfilet (am besten 2–3 Sorten)
Salz
4 EL Olivenöl

1 Dose Schältomaten (ca. 400 g), püriert
Pfeffer
je 1 Zweig Thymian und Rosmarin
2 Lorbeerblätter
1 Stück Bio-Orangenschale
¼ l Weißwein
1 Chilischote im Ganzen, angestochen

Die Frühlingszwiebeln putzen, waschen und in dünne Ringe schneiden. Die Karotte schälen und klein würfeln. Den Fenchel putzen, waschen und klein würfeln. Den Knoblauch schälen und fein würfeln.

Garnelen und Fisch waschen und trocken tupfen, die Fischfilets in etwa 40 g schwere Stücke schneiden, salzen und beiseitestellen. Die Garnelen in einem Topf im Olivenöl anbraten, herausnehmen und abkühlen lassen, dann schälen und entdarmen. Das Gemüse im verbliebenen Öl andünsten, Knoblauch und pürierte Schältomaten dazugeben und alles mit etwa 1 l Wasser aufgießen. Salz, Pfeffer, Kräuter und Orangenschale hinzufügen und alles zugedeckt etwa 6 Minuten köcheln lassen, bis das Gemüse bissfest ist.

Anschließend Wein und Chili dazugeben und alles noch 1–2 Minuten köcheln lassen. Die gesalzenen Fischstücke und die ausgelösten Garnelenschwänze hinzufügen und in der Suppe max. 3 Minuten glasig gar ziehen lassen. Zum Servieren die Kräuterstiele wieder entfernen und die Suppe auf tiefe Teller verteilen.

TIPP

Zur Fischsuppe passt ein Knoblauchbaguette: Dafür 1 Baguette in Scheiben schneiden, diese im Toaster rösten und anschließend auf einer Seite mit einer halbierten Knoblauchzehe einreiben.

FRISCH GEZUPFT

KÜCHENKRÄUTER FÜR DIE FENSTERBANK

Eine Spitze Minze hier, ein Blatt Basilikum dort, ein Zweig Rosmarin darüber – mit selbst gepflückten Kräutern von Balkon oder Fensterbank lässt sich jedes Gericht im Handumdrehen aufpeppen. Dass die eigene Zucht gar nicht so kompliziert ist, beweisen diese fünf Allrounder von Basilikum bis Thymian.

Petersilie gibt es glatt oder kraus. Sie eignet sich gut für Kräutertöpfe und -kübel in den warmen Monaten, benötigt dann aber einen Winterschutz für draußen oder muss ins Haus geholt werden. In der Regel sollte Petersilie jedes oder zumindest jedes zweite Jahr neu angesät werden. Am besten sät man sie selbst im Blumentopf oder Balkonkasten an, denn Pflanzen aus dem Supermarkt sind sehr empfindlich und gehen daheim oft ein. Beim Ernten immer von außen nach innen vorgehen, damit die inneren Pflanzenstängel nicht beschädigt werden.

Basilikum ist eines der beliebtesten Küchenkräuter der Sommerküche, inzwischen gibt es auch Sorten mit dunkleren Blättern oder mit Aromanoten wie Zitrone, Zimt oder Thai. Empfehlenswert ist, Pflanzen aus Gärtnerei oder Supermarkt daheim in einen größeren Topf umzusetzen. Basilikum liebt es feucht (bitte nicht austrocknen lassen!) und nährstoffreich. Am besten erntet man ganze Stängel und nicht nur einzelne Blättchen, so können sich neue Triebe bilden. Zusätzlich die Triebspitzen regelmäßig kappen, damit sich keine Blüten und bittere Aromen bilden.

Pfefferminze passt zu süßen wie herzhaften Gerichten gleichermaßen. Die Pflanze breitet sich gerne aus, daher pflanzt man sie nach dem Einkauf am besten in einen großen Blumentopf um. Aber Achtung: Pfefferminze verträgt keine Staunässe und keine direkte Hitze (lieber Halbschatten). Sorgt zudem dafür, dass das Pflanzgefäß ausreichend große Abzugslöcher hat, damit das Gießwasser ablaufen kann. An heißen Sommertagen ist das Gießen besonders wichtig.

Thymian kann als mediterranes Kraut nicht draußen überwintert werden. Drinnen sind Kräuter das ganze Jahr möglich. Als Pflanze des Mittelmeerraumes liebt Thymian eine eher sandige Erde und einen sonnigen Standort. Er lässt sich das ganze Jahr über ernten und passt vom Aroma sehr gut zu anderen mediterranen Kräutern wie Lavendel, Rosmarin oder Salbei. Probiert auch mal botanische Ableger wie Zitronenthymian und Co.

Rosmarin ist nicht nur aromatisch, sondern im kleinen Kräutergarten auf der Terrasse auch sehr dekorativ. Dabei zählt Rosmarin zu den pflegeleichten Kandidaten auf der Fensterbank – am liebsten steht er in der prallen Sonne. Sinken die Temperaturen im Winter zu stark ab, sollte die Pflanze ins Haus geholt werden.

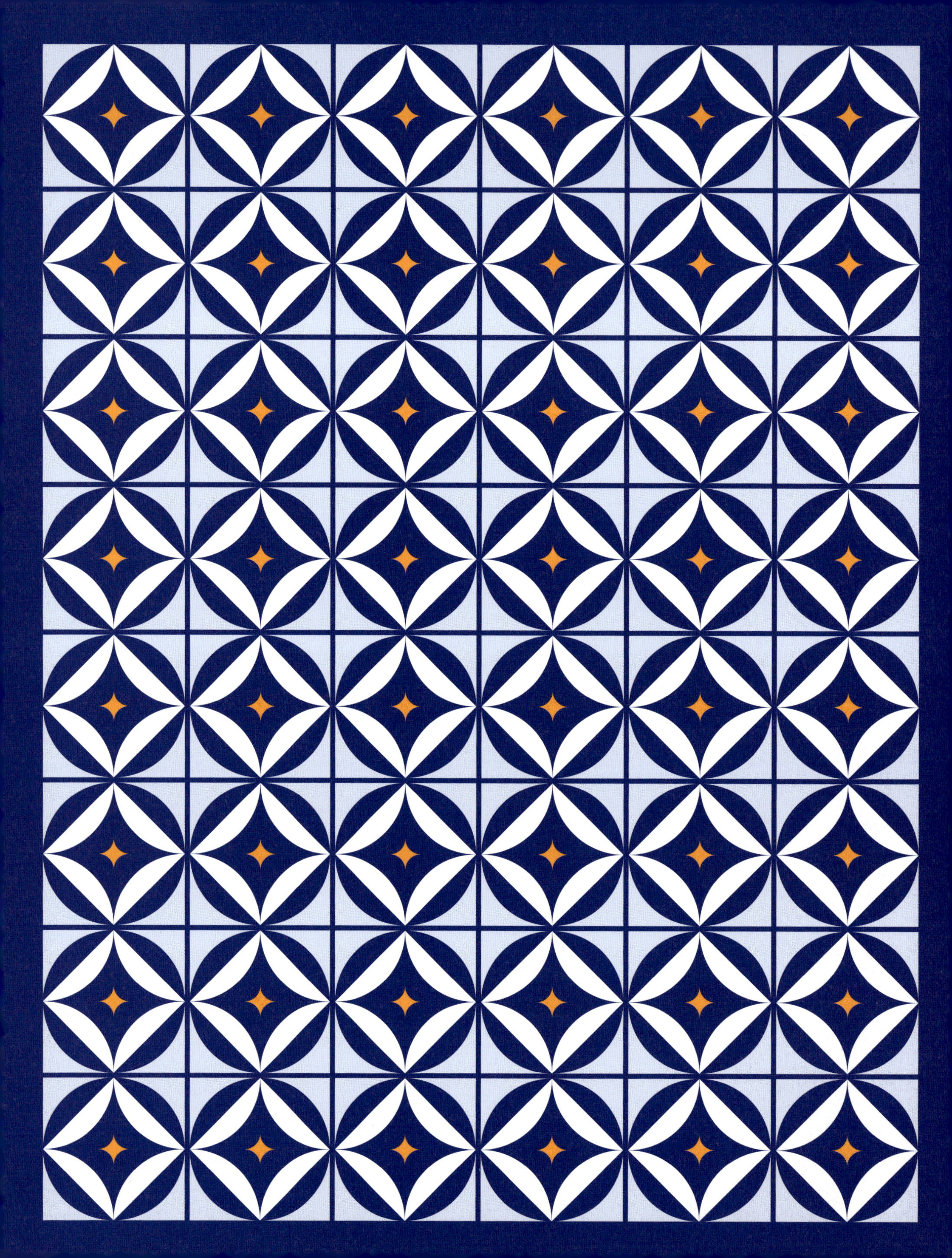

HAUPTGERICHTE VEGETARISCH

VEGETARISCH

VEGGIE-PATTIES

MIT KICHERERBSEN UND GRILLPAPRIKA

20 MINUTEN

3 rote Spitzpaprika
6 Schalotten
2 EL Olivenöl
1 Dose Kichererbsen (ca. 400 g Abtropfgewicht)
1 Knoblauchzehe
2 Eier (Größe M)
1 EL geräuchertes Paprikapulver
1 rote Chilischote, in Ringe geschnitten
50 g Panko (japan. Semmelbrösel)
Sonnenblumenöl

Den Backofengrill auf 240 °C vorheizen. Ein Backblech mit Backpapier auslegen. Die Paprika längs halbieren, entkernen und waschen. Schalotten schälen und halbieren. Beides auf der Schnittfläche auf dem Blech verteilen, mit Olivenöl beträufeln und unter dem Ofengrill etwa 5 Minuten rösten, bis die Haut schwarze Blasen wirft. Herausnehmen und abkühlen lassen, dann die Paprika häuten und in Stücke schneiden.

Inzwischen die Kichererbsen in einem Sieb abbrausen und abtropfen lassen. Knoblauch schälen und fein würfeln. Die Eier in einer Schüssel verquirlen und mit Ofenschalotten und -paprika, Kichererbsen, Paprikapulver, Chili und Panko im Blitzhacker zu einer stückigen Masse verarbeiten.

Aus der Masse mithilfe eines Anrichterings 4 Burger-Patties formen und in einer Pfanne in etwas Sonnenblumenöl auf jeder Seite anbraten. Anschließend wie im Tipp erläutert zu einem Burger schichten.

TIPP

So wird ein Burger aus den Patties: 4 Burgerbrötchen quer halbieren, beide Flächen mit der Schnittfläche nach oben kurz unter dem Ofengrill rösten. 1 Mini-Salatgurke waschen und in dünne Scheiben schneiden. Die Brötchenhälften mit Patties, Gurkenscheiben, Dill und Minze belegen und mit einem Dip aus 150 g Naturjoghurt (10 % Fett) und ½ TL Ras el-Hanout servieren.

VEGETARISCH

ÜBERBACKENE CRÊPES

MIT SPINAT UND PILZEN

30 MINUTEN + **8** MINUTEN BACKEN

FÜR DIE CRÊPES:

3 Eier (Größe M)
200 g Mehl
400 ml Milch
100 g zerlassene Butter, leicht gebräunt
etwas Mineralwasser mit Kohlensäure
Salz

AUSSERDEM:

500 g Blattspinat (TK), aufgetaut und abgetropft
Salz, Pfeffer
frisch geriebene Muskatnuss
Zucker
2 Schalotten
250 g Champignons
40 g Butter
1 kleine Knoblauchzehe (nach Belieben)
250 g Sahne
100 g Parmesan oder Feta, gerieben

Für die Crêpes aus Eiern, Mehl, Milch, zerlassener Butter, Mineralwasser und 1 Prise Salz mit einem Schneebesen einen glatten Teig anrühren. Aus dem Teig in zwei kleinen beschichteten Pfannen ohne Fett 8 dünne Crêpes backen, jeweils herausnehmen und auf einem Teller warm halten.

Den Backofen auf 200 °C (Oberhitze) vorheizen. Den abgetropften Spinat mit Salz, Pfeffer, Muskat und 1 Prise Zucker würzen, die Crêpes damit füllen und aufrollen. Die Schalotten schälen und fein würfeln. Die Pilze mit einem Küchentuch abreiben und in dünne Scheiben schneiden.

Die Schalotten in einer Pfanne in der Butter andünsten, die Champignons dazugeben, mit Salz, Pfeffer, nach Belieben etwas Knoblauch würzen und mit der Sahne aufgießen. Alles kurz durchkochen und in eine Auflaufform gießen.

Die Spinatcrêpes daraufsetzen, mit Käse bestreuen und im Ofen auf der mittleren Schiene etwa 8 Minuten überbacken. Herausnehmen und sofort servieren.

VEGETARISCH

BUNTES OFENGEMÜSE
MIT PESTONUDELN

30
MINUTEN

1 Aubergine
2 Zucchini
1 rote Zwiebel
je 1 rote und gelbe Paprika
1 Zweig Rosmarin
2 Zweige Thymian
3 EL Olivenöl
Salz, Pfeffer
350 g Mini-Penne (Rohgewicht)

FÜR DAS PESTO:

1 Knoblauchzehe
1 Bund Basilikum
½ TL grobes Meersalz
1 EL Pinienkerne
8 EL Olivenöl
40 g Parmesan, gerieben

Den Backofen auf 200 °C (Umluft) vorheizen. Ein Backblech mit Backpapier auslegen. Aubergine und Zucchini putzen, waschen und würfeln. Die Zwiebel schälen und in Streifen schneiden. Die Paprika längs halbieren, entkernen, waschen und würfeln. Die Kräuter waschen, trocken tupfen und die Nadeln bzw. Blätter abzupfen.

Das Gemüse und die Kräuter mit Olivenöl, Salz und Pfeffer mischen, auf dem Blech verteilen und im Ofen auf der mittleren Schiene etwa 20 Minuten garen. Inzwischen die Nudeln in kochendem Salzwasser nach Packungsangabe al dente garen.

Für das Pesto den Knoblauch schälen und fein würfeln. Das Basilikum waschen und trocken tupfen. Knoblauch, Meersalz und Pinienkerne im Mörser zerreiben, dann das Basilikum dazugeben. Nach und nach das Olivenöl untermischen. Zuletzt den Parmesan hinzufügen und alles zu einer homogenen Masse verarbeiten.

Zum Servieren die Nudeln in ein Sieb abgießen und mit dem Pesto mischen. Das Gemüse aus dem Ofen nehmen, auf Tellern verteilen und die Pasta daraufsetzen.

VEGETARISCH

ARTISCHOCKEN-GRÖSTL

MIT ZITRONEN-AIOLI

25
MINUTEN

400 g vorwiegend festkochende Kartoffeln
8 Artischockenböden (TK; oder Artischockenherzen in Öl)
1 Bund Frühlingszwiebeln
12 Kirschtomaten
1 kleines Bund Petersilie
4 EL Sonnenblumenöl
Salz, Pfeffer

FÜR DIE ZITRONEN-AIOLI:

1–2 Knoblauchzehen
Salz
200 g Mayonnaise
abgeriebene Schale und Saft von ½ Bio-Zitrone

Die Kartoffeln schälen und in etwa 1 cm große Würfel schneiden. Artischockenböden putzen und achteln (alternativ die eingelegten Herzen in ein Sieb abgießen und abtropfen lassen).

Die Frühlingszwiebeln putzen, waschen und in dünne Ringe schneiden. Die Tomaten waschen und halbieren. Die Petersilie waschen, trocken tupfen, die Blätter abzupfen und fein hacken.

Die Kartoffelwürfel in einer Pfanne im Sonnenblumenöl anbraten, nach etwa 4 Minuten die Artischockenstücke dazugeben und alles noch 3–4 Minuten weiter braten, bis es schön rösch ist. Die Frühlingszwiebeln hinzufügen und etwa 1 Minute mitbraten. Zuletzt Tomaten und Petersilie untermischen, Gröstl mit Salz und Pfeffer würzen.

Für die Zitronen-Aioli den Knoblauch schälen und mit etwas Salz im Mörser zu einer Paste zerreiben. Mit der Mayonnaise sowie Zitronenschale und -saft verrühren.

Zum Servieren das Gröstl auf Teller verteilen und die Zitronen-Aioli dazu reichen.

VEGETARISCH

BÖREK

MIT FRÜHLINGSZWIEBEL-KÄSE-FÜLLUNG

30
MINUTEN

3 Bund Frühlingszwiebeln
1 Knoblauchzehe
1 Bund Petersilie
2 EL Sonnenblumenöl
Salz, Pfeffer
Zucker
1 TL gemahlener Cumin
200 g Feta
100 g türkischer Reibekäse (z. B. Kaşar)

16 Blätter Yufka- oder Filo-Teig, Dreiecke
100 g flüssige Butter
1 Eigelb
1 EL Joghurt
1 EL heller Sesam
1 EL ganzer Schwarzkümmel
Öl für das Blech

Die Frühlingszwiebeln putzen, waschen und in etwa 1 cm breite Ringe schneiden. Den Knoblauch schälen und fein würfeln. Die Petersilie waschen, trocken tupfen, die Blätter abzupfen und fein hacken.

Frühlingszwiebeln und Knoblauch in einer Pfanne im Öl anschwitzen, mit Petersilie, Salz, Pfeffer, 1 Prise Zucker und Cumin würzen. Anschließend vom Herd nehmen und abkühlen lassen.

Den Backofen auf 200 °C (Umluft) vorheizen. Ein Backblech mit Öl einfetten. Den Feta zerbröseln und mit dem Reibekäse homogen unter den Zwiebel-Mix mischen.

Die Yufka-Teigblätter jeweils mit etwas flüssiger Butter bestreichen und etwas Füllung am breiten Ende daraufsetzen. Die Teigränder einschlagen, jedes Teigblatt zigarrenförmig aufrollen und nebeneinander auf das Blech setzen.

Die restliche Butter mit Eigelb und Joghurt verrühren, die Börekstangen damit bestreichen und mit Sesam und Schwarzkümmel bestreuen.

Die Börekstangen im Ofen auf der mittleren Schiene 8–10 Minuten backen. Herausnehmen und vor dem Servieren kurz abkühlen lassen.

VEGETARISCH

SPAGHETTI
MIT PIMIENTOS DE PADRÓN

20 MINUTEN

500 g Spaghetti
Salz
250 g Pimientos de Padrón (Bratpaprika)
3–4 EL Olivenöl
1 TL grobes Meersalz
100 g gesalzener Ricotta (Ricotta salata s. S. 112; oder Feta)
Pfeffer

Die Spaghetti in kochendem Salzwasser nach Packungsangabe al dente garen. In ein Sieb abgießen und kurz abtropfen lassen.

Währenddessen die Pimientos waschen und trocken tupfen. Dann in einer Pfanne im Olivenöl mit dem Meersalz etwa 2 Minuten anbraten, bis die Haut Blasen wirft.

Zum Servieren die Spaghetti noch heiß auf Tellern verteilen und die Pimientos daraufsetzen. Mit Ricotta überreiben und mit Pfeffer würzen.

TIPP

Die kleinen Paprikaschoten findet man mittlerweile in jedem Gemüsegeschäft oder gut sortierten Supermarkt. Sie machen sich angebraten auch gut als Mezze.

VEGETARISCH

ORECCHIETTE

MIT CIMA DI RAPA UND SALBEIBUTTER

25
MINUTEN

500 g Orecchiette
Salz
500 g Cima di rapa (Rübstiel/Rapsknospen; oder wilder Brokkoli)
3 EL Sonnenblumenöl
Pfeffer
Zucker
1 kleines Bund Salbei
1 Knoblauchzehe
100 g Butter
100 g Parmesan, gerieben

Die Orecchiette in kochendem Salzwasser nach Packungsangabe al dente garen. In ein Sieb abgießen und abtropfen lassen.

Währenddessen das Rapsgemüse (zarte Stiele und Blätter mitverwenden!) putzen und waschen, dann in einer Pfanne im Sonnenblumenöl anbraten, mit Salz, Pfeffer und 1 Prise Zucker würzen.

Den Salbei waschen, trocken tupfen, die Blätter abzupfen und in Streifen schneiden. Die Knoblauchzehe in der Schale andrücken. In einer kleinen Pfanne die Butter zerlassen, bis sie leicht gebräunt ist, dann Salbeiblätter und Knoblauch hinzufügen. Den Salbei in der Butter leicht frittieren, anschließend die Knoblauchzehe wieder entfernen.

Die Pasta auf Tellern anrichten, das Rapsgemüse daraufsetzen und die Salbeibutter darübergießen. Mit Parmesan bestreuen.

TIPP

Wer will, kann noch 2 EL gehackte und geröstete Haselnüsse unter die Salbeibutter mischen.

VEGETARISCH

MANGOLDAUFLAUF

MIT TOMATEN UND KORINTHEN

30
MINUTEN

1kg Mangold
1 rote Tropea-Zwiebel
(oder rote Zwiebel)
1 Knoblauchzehe
2–3 Fleischtomaten
4 EL Olivenöl

1 Handvoll Korinthen
Salz, Pfeffer
Zucker
Zimtpulver
120 g Kaşar (türk. Schnittkäse, oder Feta)

Den Backofen auf 200 °C (Umluft) vorheizen. Den Mangold putzen, waschen und die Blätter von den Stielen abtrennen. Die Mangoldstiele in etwa 2 cm lange Stücke, die Mangoldblätter in Streifen schneiden. Die Zwiebel schälen und in breite Streifen schneiden. Den Knoblauch schälen und fein würfeln. Die Tomaten waschen und in dünne Scheiben schneiden, dabei die Stielansätze entfernen.

In einer Pfanne das Öl erhitzen und Mangoldstiele, Zwiebel, Knoblauch und Korinthen darin andünsten. Dann die Mangoldblätter dazugeben, alles mit Salz, Pfeffer und 1 Prise Zucker würzen und noch etwa 5 Minuten dünsten.

Den Mangold in einer Auflaufform verteilen und die Tomatenscheiben daraufsetzen, salzen. Den Mangoldauflauf mit Backpapier abgedeckt (Achtung, bitte beschweren, sonst fliegt es im Ofen davon!) im Ofen auf der mittleren Schiene etwa 10 Minuten schmoren.

Anschließend den Auflauf aus dem Ofen nehmen, mit etwas Zimt und dem geriebenen Käse bestreuen und nochmals 5 Minuten unter dem Backofengrill gratinieren. Herausnehmen und vor dem Servieren kurz abkühlen lassen.

VEGETARISCH

OFENFRITTATA

MIT ZUCCHINIBLÜTEN

30 MINUTEN	**je 2 kleine gelbe und grüne Zucchini** 2 junge Zwiebeln, in Streifen geschnitten 1 Stängel Basilikum **6 Zucchiniblüten**	8 EL Olivenöl **6 Eier** **100 g Sahne** Salz, Pfeffer **150 g Ziegenfrischkäse**

Den Ofen auf 180 °C (Umluft) vorheizen. Die Zucchini putzen, waschen und in etwa 5 cm lange Streifen schneiden oder hobeln. Die Zwiebeln schälen und in Streifen schneiden. Das Basilikum waschen, trocken tupfen, die Blätter abzupfen und grob hacken. Die Zucchiniblüten waschen, trocken tupfen und längs halbieren.

In einer ofenfesten Pfanne das Olivenöl erhitzen und Zucchini und Zwiebeln darin andünsten. In einer Schüssel die Eier mit Sahne, Basilikum, Salz und Pfeffer mit dem Stabmixer kurz pürieren und den Ziegenfrischkäse untermischen.

Dann die Eiermasse über das Gemüse in der Pfanne gießen und alles leicht mischen. Die Zucchiniblüten darauflegen und die Frittata im Ofen auf der mittleren Schiene noch etwa 20 Minuten backen. Die Frittata herausnehmen und warm oder abgekühlt servieren, dazu in Stücke schneiden.

PAGEOU
A. Güngörmüs

VEGETARISCH

KARTOFFELRÖSTI

MIT AVOCADO-HUMMUS UND SPIEGELEI

30
MINUTEN

FÜR DEN HUMMUS:

1 Avocado
400 g Kichererbsen (aus dem Glas)
1 kleine Knoblauchzehe
abgeriebene Schale und Saft von ½ Bio-Zitrone
2 EL Tahin (Sesampaste)
1 kleines Bund Koriandergrün, grob gehackt
3 EL Olivenöl
Salz

FÜR DIE RÖSTI:

1 weiße Zwiebel
4 große vorwiegend festkochende Kartoffeln
Salz, Pfeffer
4 EL Sonnenblumenöl

AUSSERDEM:

4 Eier (Größe L)
30 g Butter
Salz, Pfeffer
1 TL Sumach (türk. Gewürz)
1 Stängel Petersilie, fein gehackt

Für den Hummus die Avocado halbieren, entkernen und schälen. Die Kichererbsen in einem Sieb abbrausen und abtropfen lassen. Den Knoblauch schälen. Alle drei mit den übrigen Zutaten für den Hummus in einen hohen Rührbecher geben und mit dem Stabmixer glatt pürieren. Falls nötig, noch etwas Mineralwasser hinzufügen, der Hummus sollte cremig und luftig sein.

Für die Rösti die Zwiebel schälen und fein würfeln. Die Kartoffeln schälen und auf der Gemüsereibe grob raspeln, die Zwiebel untermischen und die Masse mit Salz und Pfeffer würzen. Die Masse in einer Pfanne im Sonnenblumenöl von beiden Seiten knusprig braten – das dauert etwa 5 Minuten.

Inzwischen in einer weiteren Pfanne die Spiegeleier in der Butter braten. Anschließend mit Salz, Pfeffer und Sumach würzen und mit Petersilie bestreuen.

Zum Servieren die Rösti vierteln, jedes Viertel mit einem Spiegelei auf einem Teller anrichten. Den Hummus dazu reichen.

VEGETARISCH

KÜRBISGRATIN

MIT WALNUSS-SESAM-PASTE

30 MINUTEN

1 Hokkaido-Kürbis (ca. 800 g)
4 EL Olivenöl
Salz
1 Zweig Thymian
½ TL Pul Biber (türk. Chiliflocken)

2 rote Zwiebeln
12 Datteln
200 g Labneh (türk. Frischkäse aus Joghurt)
20 Walnusshälften
2 EL Tahin (Sesampaste)
½ TL Zimtpulver

Den Backofen auf 200 °C (Umluft) vorheizen. Den Kürbis waschen, halbieren und die Kerne entfernen. Die Hälften in etwa 1 cm dicke Spalten schneiden, auf einem Backblech oder einer Auflaufform verteilen, mit 2 EL Öl beträufeln und salzen. Den Kürbis im Ofen auf der mittleren Schiene etwa 10 Minuten vorgaren.

Den Thymian waschen, trocken tupfen und die Blätter abzupfen, mit Pul Biber über den Kürbis streuen.

Währenddessen die Zwiebeln schälen, halbieren und in Ecken schneiden. Die Datteln ggf. noch entkernen und klein schneiden. Zwiebelecken mit restlichem Öl, Salz und Datteln mischen und über den Kürbis geben. Den leicht gesalzenen Labneh ebenfalls darüber verteilen und alles bei 220 °C (Oberhitze) etwa 10 Minuten gratinieren. Herausnehmen und auf einem Kuchengitter abstellen.

Inzwischen die Walnüsse grob hacken und in einer Pfanne ohne Fett anrösten, das Tahin dazugeben und untermischen. Die Paste klecksartig über dem Kürbisgratin verteilen. Zum Servieren mit Zimt bestreuen und auf Tellern anrichten.

TIPP

Für eine fruchtige Note lassen sich zusätzlich zum Kürbis noch säuerliche Äpfel mitgaren. Einfach waschen, vierteln, entkernen und auf dem Blech mit verteilen!

FETA, RICOTTA UND CO.

MEDITERRANE KÄSESORTEN

Seit jeher weiden auf den saftigen Wiesen und kargen Hängen der Mittelmeerländer Schafe und Ziegen, ebenso wie Kühe und Büffel. Der Ideenreichtum der Tierhalter hat uns eine immense Vielfalt an Käsesorten beschert, die sich in fast jedem Mittelmeerrezept wiederfinden.

Feta ist der griechische Käse schlechthin. »Feta« ist aber auch eine geschützte Ursprungsbezeichnung (kurz »g.U.«). Die Milch, aus der dieser Käse hergestellt wird, stammt dann garantiert von Tieren, die auf dem griechischen Festland oder auf der Insel Lesbos leben. Auch wenn Feta als typisches Beispiel für einen Käse aus Schafsmilch gilt, dürfen bis zu 30 Prozent Ziegenmilch beigemischt sein.

Ricotta ist kein Käse im eigentlichen Sinn, sondern ein sogenannter Molkenkäse. Das heißt, die beim Käsen anfallende Molke – eigentlich eine Art Nebenprodukt – wird nochmals mit Essigsäure versetzt, das noch in der Milch vorhandene Eiweiß bildet kleine weiße Körnchen – è pronta la Ricotta. **Ricotta salata** ist typisch für Sardinien und besitzt die Form der Körbchen, in die die Ricottamasse zum Abtropfen kommt. Salzt man diesen Käsebruch danach ein und lässt ihn länger reifen, wird er fest und lässt sich sogar reiben.

Mozzarella zählt zu den Brühkäsen, bei denen der Käsebruch mit heißem Wasser überbrüht wird. So entstehen lange Käsefäden, die dann händisch zu Mozzarellakugeln geknetet werden. Daher auch der italienische Name: Pasta-filata-Käse.

Burrata ist ebenfalls ein Mozzarella, in den noch zusätzlich Sahne eingearbeitet wird – er ist also besonders cremig und innen oft butterähnlich (ital. »burro« heißt Butter).

Ziegenkäse punktet mit würzigem Aroma – sei es als Frischkäse oder Weichkäserolle. Junge Käse schmecken meist weniger intensiv als ältere Sorten. In der Küche kombiniert man Ziegenkäse gern mit Obstsorten wie Feigen, Birnen oder Datteln, aber auch mit Roter Bete oder Nüssen.

TÜRKISCHE KÄSESORTEN

- Unter **Kaşar** versteht man einen Schnittkäse, der traditionell aus Schafsmilch, teilweise auch aus Ziegenmilch hergestellt wurde, heute aber auch aus Kuhmilch besteht. Kaşar reift nicht so lange wie Hartkäse, jedoch so lange, dass er sich gut in Scheiben schneiden lässt.

- Für **Krem Kaymak** wird die Milch von Kühen, Schafen oder Ziegen zunächst erhitzt, sodass sich der Rahm oben absetzt. Diese Fettschicht schöpft man mehrmals ab, sodass Krem Kaymak im Prinzip eine Art Schichtsahne ist. Sie gilt als türkisches Pendant zum italienischen Mascarpone – Letzterer ist allerdings einfach ein extrem fetter Frischkäse.

- **Labneh** ist im gesamten Nahen Osten beliebt – eine Art fetthaltiger Naturjoghurt mit der Konsistenz von Frischkäse. Wenn man Labneh nicht im Handel bekommt, lässt er sich auch leicht selbst herstellen.

VEGETARISCH

RATATOUILLE-TARTE

MIT MANDEL-AIOLI

25 + **25**
MINUTEN / MINUTEN BACKEN

FÜR DIE TARTE:

2 Auberginen, Salz
2 EL Sonnenblumenöl
1 rote Tropea-Zwiebel (oder rote Zwiebel)
2 Zucchini
2 Spitzpaprika (rot, gelb)
4 Eiertomaten
1 kleine Knoblauchzehe
1 Zweig Thymian
4 EL Olivenöl
Pfeffer
275 g Blätterteig (aus dem Kühlregal; für 1 Backblech)

FÜR DIE AIOLI:

1 kleine Knoblauchzehe
1 sehr (!) frisches Ei (Größe L) sowie
1 sehr (!) frisches Eigelb (Größe L)
½ TL Salz
1 EL mittelscharfer Senf
Pfeffer
1 TL Zitronensaft
125 ml Olivenöl
125 ml Sonnenblumenöl
2 EL gemahlene Mandeln

Für die Tarte den Backofen auf 200 °C (Umluft) vorheizen. Die Auberginen putzen, waschen und in etwa 5 mm dünne Scheiben schneiden. Auf einer Platte auslegen, salzen und in einer Pfanne im Sonnenblumenöl anbraten.

Das übrige Gemüse putzen, waschen und ebenfalls in etwa 5 mm dünne Scheiben schneiden. Knoblauch schälen und fein würfeln. Thymian waschen, trocken tupfen, die Blätter abzupfen. In einer Schüssel Auberginen, Zwiebel, Zucchini, Paprika, Tomaten, Olivenöl, Knoblauch, Thymian und Pfeffer mischen.

Den Blätterteig samt Backpapier auf einem Backblech ausrollen. Die marinierten Gemüsescheiben auf dem Blätterteig verteilen und die Tarte im Ofen auf der mittleren Schiene etwa 10 Minuten backen. Dann die Ofentemperatur auf 180 °C reduzieren und die Tarte noch 10–15 Minuten fertig backen. Herausnehmen und auf einem Kuchengitter abkühlen lassen.

Währenddessen für die Aioli den Knoblauch schälen und mit den übrigen Zutaten in einen hohen Rührbecher geben. Den Stabmixer auf den Boden stellen und alles in Intervallen so lange pürieren, bis eine Emulsion entstanden ist. Falls sie zu fest ist, noch 1 EL heißes Wasser untermixen.

Zum Servieren die Ratatouille-Tarte in Stücke schneiden und auf Tellern anrichten. Jeweils etwas Mandel-Aioli daraufgeben, den Rest separat dazu reichen.

VEGETARISCH

FLAMMKUCHEN

MIT ROTER BETE, FEIGEN UND ZIEGENKÄSE

30 MINUTEN

260 g Flammkuchenteig (aus dem Kühlregal)
200 g Crème fraîche
Salz, Pfeffer
2 gegarte Rote Bete
1 TL gemahlener Cumin
1 EL Balsamico-Essig

8 Feigen
2 EL Honig
1 TL abgeriebene Bio-Orangenschale
2 Rollen Ziegenfrischkäse (à ca. 150 g)
2 EL Olivenöl

Den Backofen auf 200 °C (Umluft) vorheizen. Den Flammkuchenteig samt Backpapier auf einem Backblech ausrollen. Die Crème fraîche mit Salz und Pfeffer verrühren und auf dem Flammkuchenteig verteilen, dabei einen etwa 2 cm breiten Rand frei lassen.

Die Rote Bete in Spalten schneiden (Achtung, färbt stark ab!), mit Salz, Pfeffer, Cumin und Essig mischen und auf dem Teig verteilen. Die Feigen waschen, vierteln, mit Honig und Orangenschale mischen und ebenfalls über den Flammkuchen geben.

Zuletzt den Ziegenkäse in dünne Scheiben schneiden und zwischen Rote Bete und Feigen stecken. Die Tarte im Ofen auf der mittleren Schiene 15–18 Minuten backen. Herausnehmen und sofort servieren, dazu in Stücke schneiden, auf Teller setzen und mit Olivenöl beträufeln.

TIPP

Ein paar Esslöffel geröstete Pinienkerne als Topping sind die perfekte Ergänzung zu diesem würzigen Flammkuchen!

VEGETARISCH

WILDER BROKKOLI

MIT ZITRONE UND GRANA PADANO

20
MINUTEN

800 g kleine Kartoffeln (z. B. Drillinge oder Grenaille)
1 EL Weichweizengrieß
Salz
10 EL Olivenöl

2 kg wilder Brokkoli
1 EL Zucker
Saft von ½ Bio-Zitrone
60 g Grana Padano (am Stück; oder Parmesan), gerieben

Den Backofen auf 200 °C (Oberhitze) vorheizen. Die Kartoffeln mit der Gemüsebürste gründlich waschen, trocken tupfen und vierteln. Dann in einer kleinen Auflaufform mit Grieß, Salz und 2 EL Öl mischen und im Ofen auf der mittleren Schiene etwa 15 Minuten kross garen.

Inzwischen den Brokkoli putzen und waschen. Dann in einem ausreichend großen Topf in Salzwasser zum Kochen bringen und offen bei mittlerer Hitze etwa 10 Minuten bissfest ziehen lassen.

Anschließend den Brokkoli aus dem Topf nehmen und etwas abtropfen lassen.

Zum Servieren Kartoffeln und Brokkoli auf Teller verteilen und mit Zitronensaft und restlichem Olivenöl beträufeln. Den Käse großzügig darüberstreuen.

TIPP

Dazu schmecken hervorragend dünn aufgeschnittener Parmaschinken und alternativ kleine Kartoffeln mit viel Petersilie! Anstelle von Brokkoli lässt sich das Rezept auch mit weißem oder grünem Spargel zubereiten.

VEGETARISCH

BUNTES GEMÜSE-OMELETT

MIT KRÄUTERN

30 MINUTEN

200 g grüne Bohnen
2 Frühlingszwiebeln
1 rote Paprika
100 g Champignons
20 Kirschtomaten
8 Eier (Größe L)
Salz, Pfeffer

2–3 EL Olivenöl
20 g Butter
frische Kräuter nach Belieben (z. B. Basilikum, Dill, Liebstöckel, Petersilie), grob gehackt

Die Bohnen und Frühlingszwiebeln putzen, waschen und separat in etwa 1 cm breite Stücke schneiden. Die Paprika längs halbieren, entkernen, waschen und klein würfeln. Die Pilze mit einem Küchentuch abreiben und in dünne Scheiben schneiden. Die Tomaten waschen und halbieren.

Die Eier in einer Schüssel verquirlen und mit Salz und Pfeffer würzen. Das Gemüse in Reihenfolge seiner Garzeiten in einer Pfanne (ca. 30 cm Durchmesser) im Olivenöl anbraten: Bohnen, Paprika, Frühlingszwiebeln, Champignons und Tomaten nacheinander dazugeben. Ebenfalls mit Salz und Pfeffer würzen, die Butter dazugeben und zerlassen.

Dann die Eiermasse gleichmäßig über das Gemüse gießen und das Omelett bei mittlerer Hitze etwa 5 Minuten stocken lassen (nicht wenden!). Zum Servieren vorsichtig auf eine Platte stürzen und in Stücke schneiden. Mit den Kräutern garnieren.

TIPP

Ras el-Hanout, Currypulver oder andere orientalische Würzmischungen sowie ein gezupfter Ziegenfrischkäse oder Mozzarella toppen das Omelett zusätzlich!

VEGETARISCH

MINI-GÂTEAUS

VON AUBERGINE, ZUCCHINI UND TOMATE

30
MINUTEN

2 Auberginen
Salz
6 EL Sonnenblumenöl
2 Zucchini (am besten gelb und grün)
2 große Fleischtomaten
½ TL getr. Oregano
250 g Büffelmozzarella (oder Mozzarella aus Kuhmilch)
8 Zweige Rosmarin
Pfeffer

Den Backofen auf 180 °C (Umluft) vorheizen. Die Auberginen waschen, schälen und in etwa 5 mm dünne Scheiben schneiden. Eine Platte mit Küchenpapier belegen, die Auberginen daraufsetzen, salzen und etwa 5 Minuten entwässern lassen.

Dann die Scheiben trocken tupfen und in einer Pfanne in 2 EL Sonnenblumenöl auf beiden Seiten 2–3 Minuten braten. Herausnehmen und auf ein Backblech legen. Ebenso mit den Zucchini verfahren, diese jedoch nicht schälen und nur leicht salzen.

Die Tomaten waschen und in Scheiben schneiden, dabei die Stielansätze entfernen. Die Tomaten in der Pfanne im restlichen Öl nur kurz auf einer Seite anbraten, um ihnen etwas Geschmack zu geben (Vorsicht: Sie werden schnell weich!), und mit Oregano würzen. Den Mozzarella in dünne Scheiben schneiden. Den Rosmarin waschen und trocken tupfen.

Alle Zutaten (Auberginen, Zucchini, Tomaten, Mozzarella) zu 8 kleinen Türmchen schichten, dabei mit einer Auberginenscheibe beginnen und das Ganze zweimal wiederholen. Jedes Türmchen mit 1 Rosmarinzweig in der Mitte fixieren, nebeneinander in eine Auflaufform setzen und im Ofen etwa 2 Minuten garen, bis der Mozzarella zu schmelzen beginnt. Herausnehmen, auf Teller setzen und mit Pfeffer würzen.

TIPP

Für ein würziges Topping noch 100g fein gewürfelte Chorizo (spanische Paprikawurst) in einer kleinen Pfanne in 2 EL Olivenöl kurz erhitzen, 1–2 in dünne Ringe geschnittene Frühlingszwiebeln dazugeben und mischen, dann den Chorizo-Mix zu den Auberginentürmchen reichen.

VEGETARISCH

POT AU FEU
VON LORBEERKARTOFFELN UND KRÄUTERSEITLINGEN

30
MINUTEN

600 g kleine Kartoffeln (z. B. Drillinge oder Grenaille)
4–6 flache weiße Zwiebeln (oder Cevenne-Zwiebeln)
4 kleine Knoblauchzehen
8 Kräuterseitlinge

8 EL Olivenöl
Salz, 10–12 frische Lorbeerblätter
4 Zesten einer Bio-Zitrone
2 EL Butter
Pfeffer
1 EL Zitronensaft

Die Kartoffeln mit der Gemüsebürste gründlich waschen, trocken tupfen und halbieren. Die Zwiebeln schälen und vierteln. Den Knoblauch in der Schale andrücken. Die Pilze mit einem Küchentuch abreiben und halbieren.

In einer großen Pfanne 6 EL Olivenöl verteilen, die Kartoffeln mit der Schnittfläche nach unten nebeneinander hineinsetzen und salzen. Dann zugedeckt 1–2 Minuten anbraten. Zwiebeln, Knoblauch, Lorbeerblätter und Zitronenschalen hinzufügen und alles zugedeckt bei schwacher Hitze 15–20 Minuten schmoren. Falls die Feuchtigkeit vollständig einkocht, noch etwas Wasser dazugeben. Zuletzt die Butter in die Pfanne geben.

Inzwischen die Pilze mit Salz, übrigem Olivenöl und Zitronensaft marinieren und in einer vorgeheizten Grillpfanne auf jeder Seite kurz grillen.

Den Pot au feu mit Salz und Pfeffer abschmecken und mit den Kräuterseitlingen auf Tellern anrichten.

VEGETARISCH

PAPRIKA

MIT BROTSALAT GEFÜLLT

30
MINUTEN

1 kleine Knoblauchzehe
Salz
240 g ital. Weißbrot (vom Vortag)
8 EL Olivenöl
6 EL Weißwein- oder Rotweinessig, plus etwas für die Paprika
Salz, Pfeffer
4 reife Fleischtomaten

2 Frühlingszwiebeln
je 1 Bund Basilikum und Petersilie, in Streifen, plus Basilikum zum Garnieren
2 EL schwarze Oliven, entsteint und halbiert
2 EL Kapern
80 g milder Pecorino, gerieben
4 gelbe Paprika

Den Knoblauch schälen und eine Salatschüssel mit etwas Salz und der Knoblauchzehe im Ganzen ausreiben. Das Brot in 2–3 mm dünne Scheiben schneiden und in die Schüssel geben. In einer kleinen Schüssel 125 ml Wasser, 6 EL Olivenöl, Essig, Salz und Pfeffer so lange verrühren, bis sich das Salz aufgelöst hat. Den Mix über die Brotscheiben gießen und etwa 5 Minuten durchziehen lassen.

Währenddessen die Tomaten waschen und grob würfeln, dabei Stielansätze und Kerne entfernen. Die Frühlingszwiebeln putzen, waschen und in dünne Ringe schneiden. Beides mit Kräutern, Oliven, Kapern, Salz und Pfeffer mischen und über den eingeweichten Brotscheiben verteilen.

Zuletzt den Pecorino unterheben und den Brotsalat etwa 5 Minuten ziehen lassen. Abschmecken und, falls nötig, noch etwas Essig und Öl dazugeben.

Die Paprika längs halbieren (den Stiel am besten belassen), entkernen, waschen und mit der Öffnung nach oben auf Teller setzen. Mit Salz, Pfeffer, den übrigen 2 EL Olivenöl und etwas Essig würzen und mit dem Brotsalat füllen. Mit Basilikum garnieren.

TIPP

Wer es würziger mag, kann noch ein paar Scheiben dünn geschnittene Fenchelsalami oder Cacciatore in den Brotsalat geben, bevor er in die Paprika gefüllt wird!

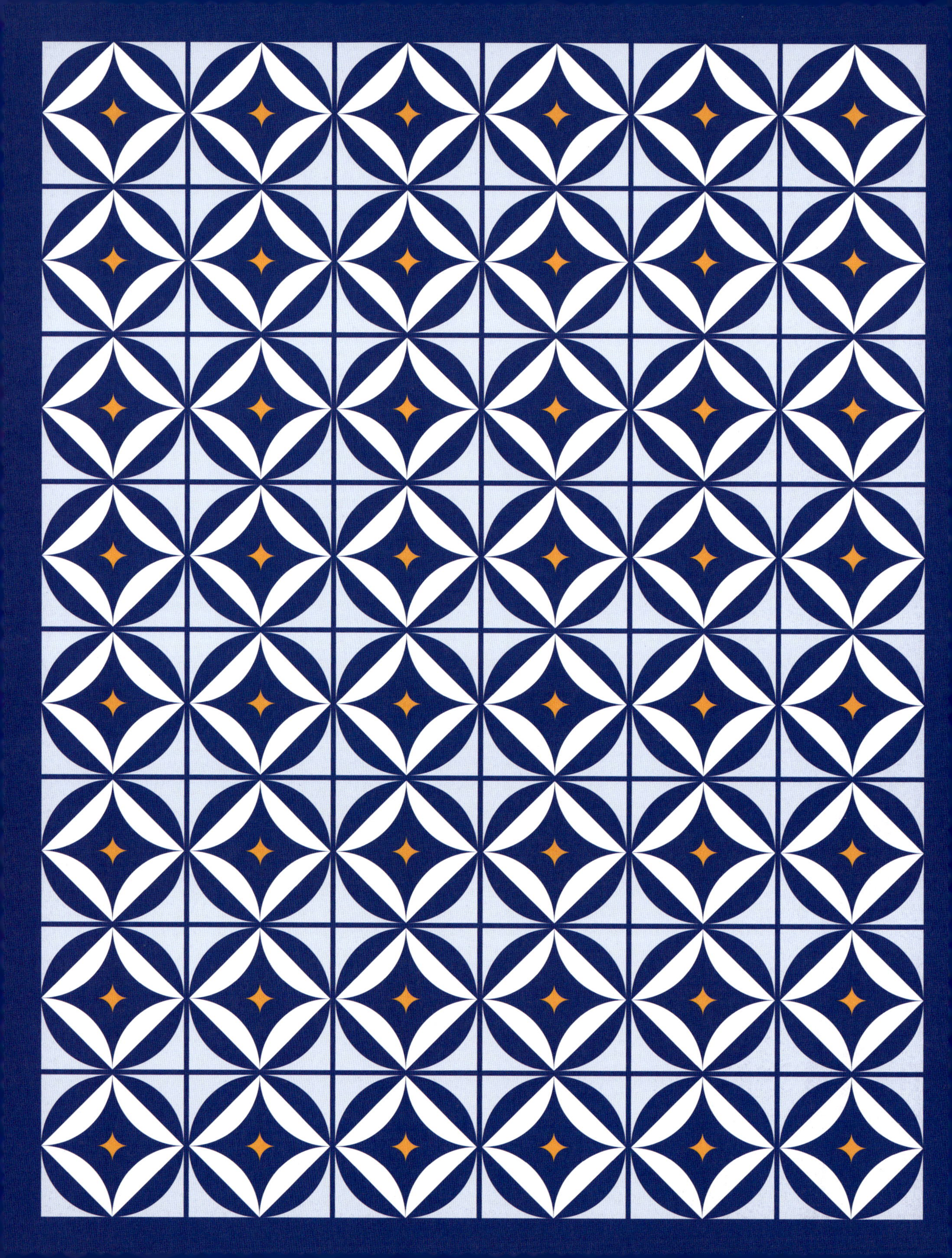

HAUPTGERICHTE MIT FLEISCH

FLEISCH

GESTÜRZTE SPAGHETTI-PFANNE

MIT MORTADELLA

25 MINUTEN

500 g Spaghetti
Salz
250 g Mortadella
4 EL Olivenöl

6 Eier
Pfeffer
150 g Mozzarella
60 g Parmesan, am Stück

Die Nudeln in reichlich Salzwasser nach Packungsangabe etwa 10 Minuten al dente garen. In ein Sieb abgießen, abtropfen und leicht abkühlen lassen.

Inzwischen die Mortadella in etwa 5 mm kleine Würfel schneiden und in einer Pfanne im Olivenöl kurz anbraten. Die Spaghetti dazugeben und alles durchschwenken.

Die Eier verquirlen, mit Salz und Pfeffer würzen und über Spaghetti und Mortadella gießen. Den Mozzarella in kleine Stücke zupfen und ebenfalls darüber verteilen. Alles zugedeckt bei mittlerer Hitze 5–8 Minuten stocken lassen.

Zum Servieren die »Tortilla« vorsichtig mit einem Pfannenwender vom Pfannenrand lösen und auf eine Platte stürzen. Den Parmesan darüberreiben und die »Tortilla« in Stücke schneiden.

TIPP

Zur »Spaghetti-Tortilla« passt als frische Beilage ein Salat aus gewürfelten Tomaten, Olivenöl, Salz, Pfeffer und Basilikum!

FLEISCH

SOBRASADA-SALSA

MIT POLENTA

20

MINUTEN

600 ml Gemüsebrühe (oder Wasser)
600 ml Milch
1 kleiner Zweig Thymian
1 Lorbeerblatt
1 Knoblauchzehe, angedrückt
120 g mittelgrobe Polenta (Maisgrieß)

40 g Butter
80 g Parmesan, gerieben
Salz, Pfeffer
ca. 200 g Sobrasada (mallorquin. Wurst; oder weiche Chorizo)
500 g passierte Tomaten (aus der Dose)

In einem Topf die Brühe mit der Milch mischen, Kräuter und Knoblauchzehe dazugeben und alles erhitzen. Den Sud kurz ziehen lassen und Kräuter und Knoblauch wieder entfernen.

Anschließend die Polenta mit einem Schneebesen zügig einrühren und etwa 10 Minuten köcheln lassen, bis sie gequollen ist. Butter und Parmesan dazugeben und einrühren, die Polenta mit Salz und Pfeffer abschmecken.

Für die Salsa die Wurst würfeln, dabei vorher 4 dünne Scheiben zum Garnieren abschneiden und beiseitelegen. Die Wurstwürfel in einer Pfanne ohne Fett kurz anbraten und die passierten Tomaten hinzufügen. Alles etwas einkochen und nach Belieben mit Salz und Pfeffer würzen.

Zum Servieren die Polenta auf Tellern anrichten und die Salsa in der Mitte verteilen. Mit den beiseitegelegten Sobrasada-Scheiben garnieren.

TIPP

Wer will, kann die Polenta nach Belieben noch mit Parmesan bestreuen!

FÜR DAS GEWISSE ETWAS

MEDITERRANE ZUTATEN MIT AHA-EFFEKT

Kapern sind nicht gleich Kapern, Zwiebeln mehr als Zwiebeln, Tomaten nicht immer nur Tomaten: Wer sich im kulinarischen Einmaleins der mediterranen Küche auskennt, kann nicht nur als Gastgeber mit interessanten Food-Details punkten, sondern sorgt auch für unvergesslichen Genuss.

Kaum ein Gemüse steht so klar für das Mittelmeer wie Tomaten. Dabei stechen die länglichen, leuchtend roten Früchte aus **San Marzano**, in der Nähe der italienischen Hafenstadt Salerno, heraus – sie eignen sich besonders gut für die Herstellung von Passata und Sugo. Denn sie enthalten wenig Säure und bewahren das volle Aroma auch bei langer Garzeit.

Zwiebeln gelten eigentlich als unspektakuläres Basic, die aus **Tropea** am italienischen Mittelmeer haben es allerdings zum eingetragenen Markennamen in Europa geschafft. Denn die roten Zwiebeln gelten als besonders bekömmlich und süß im Aroma, weshalb sie in Italien gern zu Konfitüre oder Paste verarbeitet werden.

Kapernäpfel nennt man die eigentlichen Früchte des Kapernstrauchs. Das, was wir landläufig unter Kapern verstehen, sind die sauer eingelegten Blüten. Kapernäpfel sind etwas größer und werden ebenfalls gern in Öl oder Essig eingelegt. Sie eignen sich hervorragend als Antipasti.

Orecchiette aus Apulien werden traditionell mit **Cima di rapa** zubereitet. Dabei handelt es sich um eine besondere Form des Rübstiels oder von sogenannten Rapsknospen, einem Vertreter der Kohlfamilie. Cima di rapa sieht ähnlich aus wie **Wilder Brokkoli** – beide habe ich in Rezepten hier im Buch verwendet.

Was darf in der mediterranen Expressküche nicht fehlen? **Spanische und italienische Wurstsorten**, weil sie im Handumdrehen eine würzige Zutat für Salate, Pasta und Co. bieten:

- Die **Sobrasada** (g.g.A. = geschützte geografische Angabe) kommt aus Mallorca und ist eine Art Streichwurst, die typische rote Färbung kommt vom Paprikapulver.
- Die **Chorizo** ist dagegen eine festere luftgetrocknete Rohwurst, wird in Spanien und Portugal hergestellt und enthält neben Schweinefleisch und Speck ebenfalls Paprikapulver und Knoblauch.
- **Pancetta** heißt der italienische Bauchspeck vom Schwein. Er ist etwas fetthaltiger als der Speck hierzulande, der hohe Fettgehalt sorgt aber auch für ein feines Mundgefühl beim Verkosten. Macht sich kross gebraten super als Salat-Topping!
- **Mortadella** ist die bekannte norditalienische Brühwurst, die typischerweise von weißen Speckwürfeln und Pistazienkernen durchsetzt ist. Sie wird meist dünn aufgeschnitten roh verzehrt, passt aber auch zu Gerichten mit Pasta und Eiern.

MOUSSAKA

MIT WALNUSS-ZIMT-CROÛTONS

30 + **20**

MINUTEN — MINUTEN BACKEN

4 Auberginen
Salz
8 EL Olivenöl
2 Fleischtomaten
100 g Feta

800 ml fertige Bolognese (s. S. 141 oder aus dem Glas)
1 TL getr. Oregano
100 g geriebener Käse (z. B. Kaşar)

Die Auberginen waschen, schälen und in etwa 5 mm dünne Scheiben schneiden. Nebeneinander auf einem Teller auslegen, salzen und etwa 5 Minuten Wasser ziehen lassen.

Anschließend die Auberginenscheiben trocken tupfen und in zwei Pfannen jeweils in etwas Öl portionsweise anbraten. Herausnehmen und auf Küchenpapier abtropfen lassen. Den Backofen auf 200 °C (Umluft) vorheizen.

Währenddessen die Tomaten waschen und in dünne Scheiben schneiden, dabei die Stielansätze entfernen. Auberginenscheiben und Bolognese in einer Auflaufform (ca. 20 × 30 cm) abwechselnd einschichten, die Tomatenscheiben darauflegen und alles mit Oregano und Käse bestreuen. Die Moussaka im Ofen auf der mittleren Schiene etwa 20 Minuten backen.

Zum Servieren die Moussaka aus dem Ofen nehmen und kurz abkühlen lassen. In Stücke schneiden, auf Tellern anrichten und nach Belieben mit Zimtcroûtons (s. Tipp) bestreuen.

TIPP

Für Zimtcroûtons 4 Kastenbrotscheiben in kleine Würfel schneiden und in einer Pfanne in 60 g Butter mit 20 grob gehackten Walnusskernhälften rösten, mit dem Zimtpulver würzen. Ein Rezept für eine selbst gemachte Bolognese findet ihr auf S. 141.

KÖFTE

MIT TOMATEN-PAPRIKA-GEMÜSE UND KARDAMOMJOGHURT

30 MINUTEN

FÜR DIE KÖFTE:

100 g trockenes Fladen- oder Weißbrot
1 kleine Zwiebel
1 kleine Knoblauchzehe
1 kleines Bund Petersilie, fein gehackt
2–3 EL Sonnenblumenöl
450 g Rinderhack (oder 150 g davon Lammhack)
1 Ei
1 TL Pul Biber (türk. Chiliflocken)
Salz

AUSSERDEM:

1 rote Tropea-Zwiebel (oder rote Zwiebel), halbiert in Ringe geschnitten
1 Knoblauchzehe, fein gewürfelt
2 rote Paprika
5 reife Tomaten
3–4 EL Olivenöl
2 EL gemahlene Harissa
1 TL gemahlener Cumin
Salz
150 g Naturjoghurt (10 % Fett)
½ TL Zitronensaft
gemahlener Kardamom

Für die Köfte das Brot in etwa 5 mm dünne Scheiben schneiden und in Wasser einweichen. Zwiebel und Knoblauch schälen, fein würfeln und mit der Petersilie in einer Pfanne in 1 TL Öl andünsten, abkühlen lassen. Das Rinderhack mit dem ausgedrückten Brot, Ei und Zwiebel-Mix gut mischen und mit Pul Biber und Salz abschmecken. Aus der Masse mit angefeuchteten Hände etwa 50 g schwere, ovale Bällchen formen und im übrigen Öl rundum braun anbraten.

Währenddessen den Backofen auf 200 °C (Umluft) vorheizen. Zwiebel schälen und in Streifen schneiden. Knoblauch schälen und fein würfeln. Paprika längs halbieren, entkernen, waschen und in 2–3 cm große Stücke schneiden. Tomaten waschen und grob würfeln, dabei Stielansätze entfernen.

Zwiebel und Knoblauch in einem Topf in 2 EL Öl etwa 2 Minuten andünsten, erst die Paprika, dann die Tomaten hinzufügen. Mit Harissa, Cumin und Salz würzen. Alles zugedeckt bei mittlerer Hitze etwa 15 Minuten garen. Anschließend das Gemüse in einer Auflaufform verteilen, die Köfte daraufsetzen und alles im Ofen auf der mittleren Schiene noch etwa 5 Minuten erhitzen.

Zum Servieren Joghurt, Zitronensaft, übriges Öl und Kardamom verrühren. Gemüse und Köfte aus dem Ofen nehmen und auf Tellern anrichten, den Dip dazu servieren.

TIPP

Wer will, kann noch gezupften Dill, Petersilie und Minze über das Gemüse streuen.

HOME MADE

SELBST GEMACHTE BASICS FÜR DEN VORRAT

Gut Ding hat Weile – das gilt in der Küche für Basic-Rezepte immer. Wer diese schon im Voraus zubereitet und im Vorrat parat hält, kann auch ruckzuck etwas Aufwendigeres zaubern, wenn die Zeit mal knapp ist. Hier ein paar Rezepte für wichtige Basics zu den Rezepten im Buch.

PAPRIKA RÖSTEN UND HÄUTEN

Für ca. 200 g: 4 rote Spitzpaprika längs halbieren, entkernen, waschen und trocken tupfen. Die Paprika jeweils mit etwas Pflanzenöl bestreichen und nebeneinander auf ein Backblech legen. Die Paprika unter dem Backofengrill so lange rösten, bis die Haut Blasen wirft und schwarz wird – das dauert je nach Paprika 2–3 Minuten. Das Blech herausnehmen und die Paprika mit einem feuchten Küchentuch abdecken. Kurz abkühlen lassen, dann die Haut abziehen.

BASILIKUMPESTO

Für ca. 150 g: 1 Knoblauchzehe schälen und in feine Würfel schneiden. 1 Bund Basilikum waschen und trocken tupfen. Knoblauch, ½ TL grobes Meersalz und 1 EL Pinienkerne im Mörser zerreiben, dann das Basilikum dazugeben. Nach und nach 8 EL Olivenöl untermischen. 40 g geriebenen Parmesan hinzufügen und alles zu einer homogenen Masse verarbeiten.

BOLOGNESE

Für ca. 800 g: 500 g grob durchgedrehtes Rinderhackfleisch in einem Topf in 4 bis 5 EL Olivenöl unter Rühren krümelig anbraten. 1 kleine Fenchelknolle, 1 Karotte, 1 Zwiebel und 1–2 Stangen Staudensellerie putzen, schälen bzw. waschen und fein gewürfelt hinzufügen. Alles mit Salz und 2 Lorbeerblättern würzen, 1 Knoblauchzehe schälen und angedrückt dazugeben. Alles mit geschlossenem Deckel bei mittlerer Hitze etwa 20 Minuten schmoren. Anschließend 800 g gehackte Schältomaten (aus der Dose) samt Saft hinzufügen und die Bolognese noch etwa 30 Minuten schmoren, bis alle Zutaten weich sind. Zuletzt mit Pfeffer, gehacktem Rosmarin und Oregano abschmecken. Die Bolognese noch heiß in saubere Schraubgläser füllen und diese verschließen.

Zum Haltbarmachen: Einen geeigneten Topf am Boden mit etwas Küchenpapier auslegen, die gefüllten und verschlossenen Einmachgläser daraufstellen und den Topf zur Hälfte mit Wasser füllen. Zugedeckt zum Kochen bringen und 20–30 Minuten bei mittlerer Hitze köcheln lassen. Dann die Gläser herausnehmen und abkühlen lassen. So hält die Bolognese im Kühlschrank 6–8 Wochen.

ORIENTALISCHE HÄHNCHENFILETS

MIT ROTE-BETE-SALSA

25 MINUTEN

1 rote Zwiebel
200 g gegarte Rote Bete
6–8 Datteln
4 EL Öl zum Braten
Salz, Pfeffer
1 Lorbeerblatt
abgeriebene Schale und Saft von 1 Bio-Orange
2 EL Balsamico-Essig
2 EL Olivenöl zum Verfeinern
je 2 EL gehackte Petersilie und Koriandergrün
4 Hähnchenbrustfilets (mit Haut)
1 EL Butter
1 TL Ducca (arab. Gewürz)

Die Zwiebel schälen und in Streifen schneiden. Die Rote Bete in Würfel schneiden (Achtung, färbt stark ab!). Die Datteln entkernen und klein schneiden.

In einem Topf 2 EL Öl erhitzen und die Zwiebel darin andünsten. Die Rote-Bete-Würfel dazugeben, alles mit Salz, Pfeffer und Lorbeer würzen und noch 2–3 Minuten dünsten. Datteln und Orangenschale hinzufügen und alles mit Orangensaft und Essig aufgießen. Die Salsa offen noch sämig einkochen. Mit dem Olivenöl abrunden und Petersilie und Korianderblätter darüberstreuen.

Inzwischen die Hähnchenbrustfilets waschen, trocken tupfen und rundum salzen. Dann in einer Pfanne im übrigen Öl bei mittlerer Hitze erst auf der Hautseite etwa 8 Minuten braten. Dann wenden und bei geringer Hitze 6–8 Minuten gar ziehen lassen. Butter und Ducca dazugeben und die Hähnchenbrustfilets mit dem Bratsatz übergießen. Zum Servieren das Hähnchen mit der Salsa auf Tellern anrichten.

TIPP

Dazu passt hervorragend Reis mit gerösteten Mandelblättchen oder Ofenkartoffeln!

PAGEOU
A. Güngörmüs

HÄHNCHEN-GRILLSPIESSE
MIT CHERMOULA

25 MINUTEN

FÜR DIE CHERMOULA:

1 kleines Bund Koriandergrün
1 rote Chilischote
1 Knoblauchzehe
gemahlener Safran
Saft von ½ Zitrone
4 EL Olivenöl
Salz, Pfeffer

AUSSERDEM:

4 Hähnchenbrustfilets (à ca. 140 g)
Salz
8 Holzspieße
2 Romanaherzen
12 Dattel- oder Kirschtomaten
40 g Butter
Pfeffer
Zucker

Für die Chermoula das Koriandergrün waschen und trocken tupfen. Die Chilischote waschen und fein hacken. Den Knoblauch schälen und fein würfeln. Koriander, Chili, Knoblauch, 1 Prise Safran, Zitronensaft, Olivenöl und je 1 Prise Salz und Pfeffer mit dem Stabmixer zu einer stückigen Sauce mixen.

Das Fleisch waschen, trocken tupfen und in große Würfel schneiden, salzen und mit einem Teil der Chermoula marinieren. Anschließend auf Holzstäbchen spießen und auf dem Grillrost oder in einer Grillpfanne rundum etwa 4 Minuten garen.

Währenddessen die Romanaherzen putzen, waschen und halbieren. Die Tomaten waschen und halbieren. Die Romanaherzen in einer Pfanne in der Butter anbraten, mit Salz, Pfeffer und 1 Prise Zucker würzen und zugedeckt etwa 5 Minuten dünsten.

Zum Servieren die Tomaten dazugeben, alles nochmals kurz durchschwenken und mit der restlichen Chermoula zu den Spießen servieren.

FLEISCH

HÄHNCHEN

MIT GRISSINI-KRUSTE UND RUCOLADIP

30
MINUTEN

FÜR DEN DIP:

1 Bund junger, nicht zu bitterer Rucola
100 g Frischkäse
2 EL Mayonnaise
Salz, Pfeffer
1–2 EL Balsamico-Essig

FÜR DAS HÄHNCHEN:

100 g Grissinistangen
40 g geriebener Parmesan
2 EL Mehl
2 Eier (Größe M)
4 Hähnchenkeulen (ohne Haut, vom Metzger ausgelöst)
Salz, Pfeffer
1 TL abgeriebene Bio-Zitronenschale
1 kleiner Rosmarinzweig, fein gehackt
150 g Butterschmalz (oder Sonnenblumenöl)

Für den Dip den Rucola verlesen, waschen und trocken tupfen. Etwas klein zupfen und in einem hohen Rührbecher mit Frischkäse und Mayonnaise mit dem Stabmixer gut pürieren. Mit Salz, Pfeffer und Essig abschmecken und nochmals kurz verrühren.

Für das Hähnchen die Grissini in einem Plastikbeutel zu groben Bröseln stampfen und mit dem Parmesan in einem flachen Gefäß mischen. Das Mehl in einen tiefen Teller geben, die Eier in einem tiefen Teller verquirlen. Die Hähnchenkeulen waschen, trocken tupfen und mit Salz, Pfeffer, Zitronenschale und Rosmarin würzen.

Das Fleisch jeweils erst im Mehl wenden, dann durch die verquirlten Eier ziehen und im Grissini-Parmesan-Mix panieren, die Panade leicht andrücken. Die Keulen in einer Pfanne im Schmalz bei mittlerer Hitze 5 bis 8 Minuten rundum goldbraun ausbacken. Herausnehmen und auf Küchenpapier abtropfen lassen, dann mit dem Rucoladip anrichten.

TIPP

Falls etwas vom Rucoladip übrig bleiben sollte: Er schmeckt auch zu Rohkost-Sticks!

RINDER-TAGLIATA

AUF ZITRONENRISOTTO

30
MINUTEN

1 Schalotte
mind. 1 l Hühnerbrühe
400 g Risotto-Reis
2 EL Olivenöl, plus mehr zum Beträufeln
¼ l Weißwein
abgeriebene Schale und Saft von 1 Bio-Zitrone
100 g Parmesan, gerieben
80 g kalte Butter
Salz, Pfeffer
2 Rindersteaks (Entrecôte; à ca. 250 g)
1 EL Öl zum Braten
1 Bund Rucola
2 EL Balsamico-Essig zum Beträufeln

Die Schalotte schälen und fein würfeln. Die Brühe in einem Topf erhitzen. In einem weiteren Topf den Reis in 2 EL Olivenöl kurz andünsten. Die Schalotte dazugeben und glasig dünsten, mit Wein ablöschen.

Dann unter regelmäßigem Rühren immer wieder so viel Brühe nachgießen, dass der Reis eben davon bedeckt wird, und bei kleiner bis mittlerer Hitze weich köcheln.

Nach etwa 18 Minuten Garzeit Zitronenschale, Parmesan und kalte Butter in Würfeln untermengen, den Risotto mit Salz und Pfeffer würzen und zuletzt mit Zitronensaft abschmecken. Er sollte eine cremige, nicht zu feste Konsistenz haben.

Währenddessen die Steaks salzen und pfeffern, in einer Pfanne im Öl »medium« braten. Dann herausnehmen, ruhen lassen und in dünne Streifen schneiden. Den Rucola verlesen, waschen und trocken schleudern.

Zum Servieren den Risotto auf Tellern anrichten und Fleischstreifen und Rucola darüber verteilen. Mit Olivenöl und Essig beträufeln.

FLEISCH

RINDERFILET-STREIFEN

MIT GRÜNEM SPARGEL

25 MINUTEN

1kg grüner Spargel
1 Stück Ingwer (ca. 20 g)
100 g Rucola
600 g Rinderfilet
Salz, Pfeffer

4 EL Sonnenblumenöl
Zucker
40 g Butter
2 EL Balsamico-Essig

Den Spargel putzen, waschen und im unteren Drittel schälen, die holzigen Enden abschneiden. Die Stangen quer halbieren. Den Ingwer schälen und in dünne Streifen schneiden oder hobeln. Den Rucola verlesen, waschen und trocken tupfen, dabei grobe Stiele entfernen.

Das Rinderfilet in etwa 1 cm breite Streifen schneiden, salzen und pfeffern und in einer Pfanne in 2 EL Öl unter Wenden scharf anbraten. Die Ingwerstreifen hinzufügen und alles kurz durchschwenken, dann das Fleisch herausnehmen und beiseitestellen.

Anschließend den Spargel in der Pfanne im übrigen Öl anbraten und mit Salz und 1 Prise Zucker würzen. Die Butter dazugeben, die Rinderfiletstreifen wieder hinzufügen und alles mit dem Essig beträufeln.

Zum Servieren den Rucola auf Tellern verteilen und den Spargel-Rinderfilet-Mix daraufsetzen.

TIPP

Wer will, kann das Gericht auch noch mit Parmesanspänen garnieren.

LAMMSPIESSE

MIT QUINOA UND PASSIONSFRUCHT-SALSA

30
MINUTEN

1 Knoblauchzehe
600 g Lammlachse (ohne Silberhaut)
Salz
2 EL Olivenöl
1 TL gemahlener Cumin
8 Metallspieße
200 g rote Quinoa (oder schwarze)
1 gelbe Spitzpaprika
40 g Butter

Für die Salsa:

1 rote Peperoni
1 kleine rote Zwiebel
2 Passionsfrüchte
1 kleines Bund Koriandergrün, fein gehackt
2 EL Sonnenblumenöl
Salz

Den Knoblauch schälen und fein würfeln. Die Lammlachse in etwa 5 mm dünne Scheiben schneiden, mit Salz, Olivenöl, Cumin und Knoblauch mischen und etwa 5 Minuten marinieren. Dann die Scheiben jeweils einmal in der Mitte zusammenklappen und auf die Metallspieße stecken.

Währenddessen die Quinoa in einem Sieb abbrausen, in einem Topf mit der zweifachen Menge Wasser (400 ml) und etwas Salz kurz aufkochen und zugedeckt bei schwacher Hitze etwa 18 Minuten garen. Inzwischen die Paprika putzen, waschen und klein würfeln. Nach der Garzeit die Paprikawürfel und Butter zur Quinoa geben und locker untermischen.

Für die Salsa währenddessen die Peperoni putzen, waschen und in dünne Ringe schneiden. Die Zwiebel schälen, in feine Würfel schneiden und in einem Sieb kurz mit heißem Wasser überbrühen. Die Passionsfrüchte halbieren und das Fruchtfleisch durch ein Haarsieb passieren. Einige Kerne zum Garnieren zum Saft geben, den Rest entfernen. Den Saft mit Peperoni, Zwiebel, Koriander, Öl und Salz zu einer Salsa verrühren.

Zum Servieren die Lammspieße in einer Pfanne ohne weiteres Fett auf jeder Seite 1–2 Minuten braten. Dann mit dem Quinoa-Paprika-Mix und der Passionsfrucht-Salsa auf Tellern anrichten.

LAMMKOTELETTS

MIT CHORIZO-BOHNEN-EINTOPF

30
MINUTEN

1 rote Tropea-Zwiebel
(oder rote Zwiebel)
1 Knoblauchzehe
500 g grüne Bohnen oder Stangenbohnen
2 Eiertomaten
4 EL Olivenöl
1 Zweig Bohnenkraut
Salz, Pfeffer
1 weiche pikante Chorizo (ca. 100 g)
1 Dose weiße Bohnen (ca. 250 g Abtropfgewicht)
1 kg Lammkoteletts

Zwiebel und Knoblauch schälen und fein würfeln. Die Bohnen putzen, waschen und in etwa 2 cm große Stücke schneiden. Die Tomaten waschen und klein würfeln, dabei die Stielansätze entfernen.

Zwiebel und Knoblauch in einem Topf im Öl anschwitzen, die Bohnen dazugeben und etwa 2 Minuten mitdünsten. Dann die Eiertomaten und das Bohnenkraut hinzufügen, alles mit Salz und Pfeffer würzen und zugedeckt bei mittlerer Hitze etwa 10 Minuten köcheln lassen.

Währenddessen die Chorizo häuten und in dünne Scheiben schneiden. Die Bohnen in einem Sieb abbrausen und abtropfen lassen. Chorizo und Bohnen nach 10 Minuten Garzeit zu den Bohnen geben und alles weitere 5 Minuten köcheln lassen. Das Bohnenkraut wieder entfernen und den Eintopf abschmecken.

Zum Servieren die Lammkoteletts salzen und pfeffern und in einer Grillpfanne ohne Fett auf jeder Seite 2–3 Minuten rosa grillen. Mit dem Eintopf servieren.

LAMMSPIESSE

MIT KRÄUTERMARINADE UND GEMÜSEBULGUR

30 MINUTEN

FÜR DIE SPIESSE:

3 Stängel Minze
1 kleines Bund Petersilie
2 Knoblauchzehen
1 TL abgeriebene Bio-Zitronenschale
½ TL Meersalz
3 EL Sonnenblumenöl
600 g Lammfilet
4 Metallspieße
40 g Butter

FÜR DEN BULGUR:

1 rote Paprika
1 Zucchini
2–3 Frühlingszwiebeln
5 EL Olivenöl
200 g grober Bulgur
1 TL Salz
1 EL Ras el-Hanout
300 ml Gemüsebrühe

Für die Spieße Minze und Petersilie waschen, trocken tupfen, die Blätter abzupfen und in feine Streifen schneiden. Knoblauch schälen und fein würfeln. Kräuter, Knoblauch, Zitronenschale, Meersalz und 2 EL Öl zu einer Marinade verrühren. Das Lammfilet in etwa 2 cm große Würfel schneiden, in der Marinade wenden und etwa 15 Minuten ziehen lassen (wer will, kann sie auch über Nacht ziehen lassen).

Inzwischen für den Bulgur Paprika und Zucchini putzen, waschen, ggf. entkernen und in etwa 5 mm kleine Würfel schneiden. Frühlingszwiebeln putzen, waschen und weiße und grüne Teile separat in dünne Ringe schneiden.

Paprika, Zucchini und weiße Frühlingszwiebelringe in einer Pfanne im Öl anschwitzen. Den Bulgur dazugeben und etwa 30 Sekunden anschwitzen, mit Salz und Ras el-Hanout würzen und die Brühe dazugießen. Alles einmal aufkochen, dann den Herd ausschalten und den Bulgur zugedeckt 15–20 Minuten quellen lassen.

Die marinierten Lammstücke auf die Spieße stecken, dabei 2 EL Marinade abnehmen und beiseitestellen. Die Spieße in einer Pfanne im übrigen Öl auf jeder Seite etwa 1½ Minuten scharf anbraten. Herausnehmen und warm halten, danach die Butter in der Pfanne aufschäumen lassen. Die 2 EL Marinade dazugeben und den Jus kurz durchschwenken.

Zum Servieren den Bulgur mit einer Gabel auflockern, die grünen Frühlingszwiebelringe darüberstreuen und auf Tellern anrichten. Die Spieße daraufsetzen und mit dem Jus beträufeln.

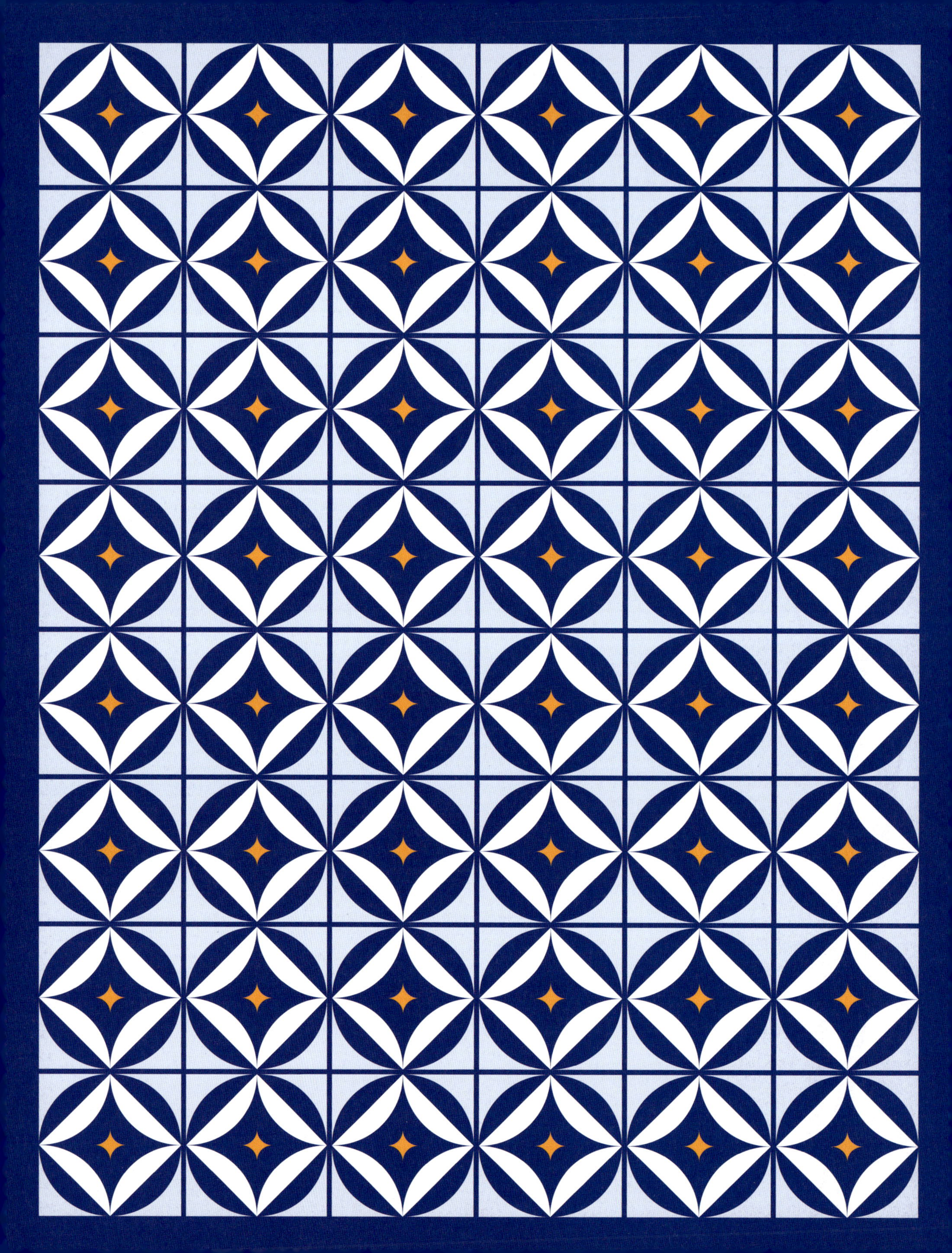

HAUPTGERICHTE MIT FISCH & MEERESFRÜCHTEN

MACCHERONI

MIT THUNFISCHCREME UND KAPERN

25
MINUTEN

1 Ei
1 Dose Thunfisch (ca. 200 g; in Öl)
50 ml Gemüsebrühe (oder Wasser)
½ TL abgeriebene Bio-Zitronenschale
Salz, Pfeffer
etwas Olivenöl (nach Belieben)
50 g Kapern
½ EL Mehl zum Bestäuben
Sonnenblumenöl zum Frittieren
500 g Maccheroni

Für die Creme das Ei in kochendem Wasser 10 Minuten hart kochen. Dann kalt abschrecken, abkühlen lassen und pellen.

Das Ei grob hacken. Vom Thunfisch 2 EL abnehmen, den Rest mit dem Einlegeöl, Ei und Brühe mit dem Stabmixer zu einer cremigen Masse pürieren. Mit Zitronenschale, Salz und Pfeffer abschmecken und nach Belieben etwas Olivenöl unterrühren.

Die Kapern in einem Sieb abbrausen und abtropfen lassen. Dann etwas aufpflücken, leicht mit Mehl bestäuben und in heißem Öl frittieren. Herausnehmen und auf Küchenpapier abtropfen lassen.

Die Maccheroni in Salzwasser nach Packungsangabe al dente garen, in ein Sieb abgießen und kurz abtropfen lassen. Noch heiß mit der Thunfischcreme und dem abgenommenen Thunfisch (vorher leicht zerpflücken!) mischen, auf Tellern anrichten und mit den frittierten Kapern garnieren.

TIPP

Wer will, garniert das Ganze mit Petersilienblättern, die man ebenfalls kurz in Olivenöl frittieren lässt!

ZANDERFILET

MIT SENFGURKENGEMÜSE UND ESTRAGON

25
MINUTEN

2 Schalotten
2 Salatgurken
1 kleines Bund Estragon
40 g Butter
Salz, Pfeffer
250 g Mascarpone

2 EL körniger Senf
2 EL mittelscharfer Senf
1 EL süßer Senf
4 Zanderfilets (à ca. 200 g)
etwas Öl zum Braten

Die Schalotten schälen und in feine Streifen schneiden. Die Gurken putzen, schälen und der Länge nach halbieren. Die Gurkenhälften entkernen und in etwa 1 cm breite Stücke schneiden. Den Estragon waschen, trocken tupfen und die Blätter abzupfen.

Die Schalottenstreifen in einem Topf in der Butter andünsten. Die Gurkenstücke dazugeben, salzen und pfeffern und zugedeckt bei mittlerer Hitze 6–8 Minuten dünsten. Dann Mascarpone und Estragon hinzufügen und zuletzt die drei Senfsorten unterrühren.

Währenddessen die Zanderfilets waschen, trocken tupfen und mit Salz und Pfeffer würzen. Erst in einer Pfanne in etwas Öl auf einer Seite scharf anbraten, bis sie zu zwei Dritteln gegart sind. Dann die Zanderfilets wenden und je nach Dicke noch 5–6 Minuten gar ziehen lassen, bis sie schön glasig sind.

Zum Servieren das Gurkengemüse auf Tellern anrichten und die Zanderfilets daraufsetzen.

LACHSSTEAK

MIT PFEFFER-SESAM-KRUSTE UND WÜRZSPINAT

25
MINUTEN

4 Lachssteaks
(à ca. 250 g)
Salz
2 EL Sonnenblumenöl
100 g Butter
50 g Panko
(japan. Semmelbrösel)
4 EL heller Sesam
Pfeffer
1 Schalotte
500 g Baby-Spinat
Zucker
½ TL Ras el-Hanout
½ TL abgeriebene
Bio-Orangenschale
4 EL Pinienkerne, geröstet

Den Backofen auf 160 °C (Umluft) vorheizen. Die Lachssteaks waschen, trocken tupfen und salzen. Dann in einer Pfanne im Öl auf jeder Seite sehr kurz scharf anbraten. Herausnehmen und nebeneinander in eine Auflaufform setzen.

Die Pfanne mit Küchenpapier auswischen und 50 g Butter darin zerlassen. Pankobrösel und Sesam hinzufügen und darin unter Wenden rösten, mit etwa ½ TL frisch gemahlenem Pfeffer würzen. Den Mix über die Lachssteaks verteilen und leicht festdrücken. Den Lachs im Ofen auf der mittleren Schiene 2–3 Minuten gar ziehen lassen. Herausnehmen und warm halten.

Inzwischen die Schalotte schälen und in Streifen schneiden. Den Spinat verlesen, waschen und trocken tupfen. Die Schalotte in der restlichen Butter anschwitzen, den Spinat dazugeben und kurz zusammenfallen lassen. Alles mit Salz, 1 Prise Zucker, Ras el-Hanout und Orangenschale würzen und die Pinienkerne unterheben.

Zum Servieren den Würzspinat auf Tellern anrichten und den Lachs daraufsetzen.

KABELJAU

MIT TOMATEN UND BRAUNER KAPERNBUTTER

25
MINUTEN

4 Tomaten
½ Bio-Zitrone
1 kleines Bund Petersilie
2 EL Kapern

4 Kabeljau-Loins
(à ca. 200 g)
Salz, Pfeffer
2 EL Sonnenblumenöl
150 g Butter

Die Tomaten häuten: Dazu die Tomaten waschen, den Strunk der Tomaten entfernen und die Tomaten in kochendem Wasser 10–12 Sekunden blanchieren. Herausnehmen, kalt abschrecken und die Haut abziehen. Die Tomaten vierteln und klein würfeln, dabei die Kerne entfernen.

Die Zitrone heiß waschen, abtrocknen, 2 Scheiben abschneiden und samt Schale in kleine Würfel schneiden. Die Petersilie waschen, trocken tupfen, die Blätter abzupfen und in Streifen schneiden. Tomaten, Zitronenwürfel, Petersilie und Kapern in einer Schüssel mischen.

Den Fisch waschen und trocken tupfen. Salzen und pfeffern und in einer beschichteten Pfanne im Öl bei mittlerer Hitze auf der Hautseite etwa 4 Minuten anbraten. Dann wenden und die Butter dazugeben. Die Hitze erhöhen und alles so lange garen, bis die Butter leicht braun wird.

Zum Servieren die Tomaten-Kapern-Mischung hinzufügen und alles nochmals kurz erhitzen, auf Tellern anrichten.

TIPP

Dazu schmecken Mini-Pellkartoffeln sehr gut – sie saugen auch die Sauce schön auf!

SEETEUFEL

MIT ERBSEN-MINZ-PÜREE UND INGWER-KNOBLAUCH-BUTTER

25
MINUTEN

2 Schalotten
120 g Butter
800 g Erbsen (TK)
Salz, Pfeffer
Zucker
1 kleines Bund Petersilie
1 Stängel Minze

1 Stück Ingwer (ca. 20 g)
1 kleine Knoblauchzehe
4 Fischfilets (à ca. 200 g; z. B. Seeteufel, Loup de mer oder Dorade)
Mehl zum Bestäuben
2 EL Sonnenblumenöl

Für das Püree die Schalotten schälen, fein würfeln und in einem Topf in 40 g Butter anschwitzen. Die Erbsen dazugeben und mit Salz, Pfeffer und 1 Prise Zucker würzen. 2–3 EL Wasser hinzufügen und alles zugedeckt 5–8 Minuten weich garen. Petersilie und Minze waschen, trocken tupfen, Blätter abzupfen, zu den Erbsen geben und alles im Topf mit dem Stabmixer fein pürieren.

Ingwer und Knoblauch schälen und fein würfeln. Die Fischfilets waschen und trocken tupfen, salzen und auf einer Seite leicht mit Mehl bestäuben.

Den Fisch in einer Pfanne im Öl erst auf der bemehlten Seite anbraten, dann wenden, die übrige Butter hinzufügen und den Fisch so lange braten, bis die Butter leicht braun ist. Den Fisch herausnehmen, damit er schön glasig bleibt.

Anschließend Knoblauch- und Ingwerwürfel in die verbliebene Butter in der Pfanne geben und darin leicht karamellisieren.

Zum Servieren den Fisch mit dem Püree auf Tellern anrichten und die Ingwer-Knoblauch-Butter darüberträufeln.

DORADE

IM PILZ-WEISSWEIN-SUD MIT PARMESAN

30 MINUTEN

2 Schalotten
1 kleine Knoblauchzehe
2 große Champignons
2 Tomaten
4 Doradenfilets (à ca. 250 g; mit Haut, ohne Gräten)
Salz
2 EL Sonnenblumenöl
200 ml Weißwein
100 ml Fischfond (oder Gemüsebrühe)
1 kleines Bund Petersilie, fein gehackt
20 g Parmesan, gerieben
60 g kalte Butter, in Würfeln
600 g Blattspinat
2 EL Olivenöl
Pfeffer
Zucker

Schalotten und Knoblauch schälen und fein würfeln. Die Pilze mit einem Küchentuch abreiben, den unteren Teil des Stiels entfernen, den Rest in Scheiben schneiden. Die Tomaten waschen und in kleine Würfel schneiden, dabei die Stielansätze und Kerne entfernen.

Den Fisch waschen und trocken tupfen, die Filets salzen und in einer Pfanne im Sonnenblumenöl bei mittlerer Hitze auf der Hautseite etwa 5 Minuten braten. Herausnehmen und warm stellen.

Dann Schalotten und Knoblauch in der Pfanne im verbliebenen Öl anschwitzen, den Wein dazugießen und um ein Drittel einkochen. Den Fond hinzufügen, Pilze und Petersilie untermischen und alles kurz köcheln lassen. Zuletzt Parmesan, Tomatenstücke und kalte Butter dazugeben und alles sämig verrühren.

Den Spinat verlesen, waschen und trocken tupfen, dabei grobe Stiele entfernen. Einen flachen Topf oder eine Pfanne stark erhitzen, das Olivenöl und sofort den Spinat dazugeben und zusammenfallen lassen – das dauert 2–5 Minuten. Mit Salz, Pfeffer und 1 Prise Zucker abschmecken.

Zum Servieren den Weißwein-Parmesan-Sud auf Tellern verteilen und den Fisch daraufsetzen, den Spinat dazu reichen.

VON DER SONNE VERWÖHNT

GEWÜRZE UND KRÄUTER RUND UMS MITTELMEER

Es gibt typische Aromen, die uns direkt in spezielle Länder und ihre charakteristische Küche entführen. Dazu gehören Räucherpaprika, Oregano, Dill oder Koriandergrün. Ursprünglich im sonnenverwöhnten Mittelmeerraum beheimatet gehören sie inzwischen auch in unser tagtägliches Würz-Repertoire.

Pimentón de la Vera ist der **spanische** Name für das geräucherte Paprikapulver. Dabei handelt es sichum eine geschützte Ursprungsbezeichnung (kurz g.U.) für das typische Produkt aus der Provinz Cáceres (Extremadura). Die Spanier brachten die Chilipflanze aus der neuen Welt mit und verarbeiteten sie bereits ähnlich. Für Pimentón de la Vera trocknet man die Schoten erst, dann räuchert man sie über Eichenholz und mahlt sie zu rotem Pulver. Das Gewürz verleiht Gerichten ein bittersüßes Aroma sowie eine zarte Rauchnote und eignet sich vor allem für Fleisch und Fisch.

Oregano wächst fast überall im Mittelmeerraum wild an Berghängen, Böschungen und sonnigen Waldrändern. Egal ob für Antipasti, Pizza oder Pasta, Fleisch oder Fisch – Oregano ist vor allem der Star der **italienischen Küche**. Gut zu wissen: Oregano entfaltet sein Aroma erst beim Erhitzen, weshalb die getrockneten wie die frischen Kräuter immer mindestens 15 Minuten mitgaren sollten. Da Oregano ein sehr intensives Aroma abgibt, kann er sparsam dosiert werden.

Dill war schon bei den antiken Hellenen beliebt – und zählt heute noch zu den typischen Kräutern der modernen Küche **Griechenlands**. Er hat ein großartiges und charakteristisches Aroma und passt zu fast allem – von Mezze über Gurken und Dips bis zu Fisch- und Lammgerichten. Dabei gibt Dill sowohl getrocknet als auch frisch gehackt noch ein starkes Aroma ab. Tipp: Klein gehackte Dillspitzen mit ein bisschen Minze unter Joghurt gemischt ergeben eine leckere Beilage.

Koriandergrün kennen die meisten aus der Küche des östlichen Mittelmeerraums, der **Levante**. Dort ist er ein äußerst beliebtes Küchenkraut. Koriander sieht ein wenig wie Petersilie aus, schmeckt aber völlig anders, manche meinen leicht zitronig. Im Mittleren Osten ist seine Verwendung seit über 2000 Jahren nachgewiesen. Gut zu wissen: Sowohl die getrockneten kugelrunden Samen als auch die grünen Blätter der Pflanze würzen intensiv, die Blätter aber immer erst kurz vor Ende der Garzeit oder zum Servieren dazugeben.

Cumin heißt auch Kreuzkümmel, er ist ein absoluter Klassiker der **türkischen Küche** (z.B. in Köfte) – wie auch der Küchen des nördlichen Afrikas und verleiht deren Gerichten ihre unverwechselbare Note. Das Gewürz ist sehr dominant, schmeckt bitter und leicht scharf, daher gibt man es meist zu Lebensmitteln mit starkem Eigengeschmack wie Lamm oder aromatisiert damit »neutrale« Produkte wie Linsen oder Kichererbsen. Traditionell wird Cumin für orientalische Gerichte wie Couscous, Hummus und Falafel verwendet.

THUNFISCH

MIT GAZPACHO-SALSA UND KNOBLAUCHBROT

30 MINUTEN

je 1 rote und gelbe Paprika
2 Tomaten
1 kleine Salatgurke
½–1 rote Chilischote
2 Frühlingszwiebeln
je 1 kleines Bund Petersilie und Basilikum
5 EL Olivenöl

Salz, Pfeffer
1 EL Weißweinessig
1 kleine Knoblauchzehe
60 g weiche Butter
1 Baguette
4 Thunfischsteaks (à ca. 250 g)

Den Backofen auf 180 °C (Umluft) vorheizen. Für die Salsa das Gemüse putzen, waschen und fein würfeln, dabei ggf. Kerne und Stielansätze entfernen. Die Chili in feine Ringe, die Frühlingszwiebeln in dünne Ringe schneiden. Petersilie und Basilikum waschen, trocken tupfen, die Blätter abzupfen und fein hacken. Die Gemüsewürfel und Kräuter mit 4 EL Olivenöl, Salz, Pfeffer und Essig mischen.

Für das Knoblauchbrot die Knoblauchzehe schälen, mit etwas Salz zu einer Paste verreiben und unter die weiche Butter mischen. Das Baguette längs halbieren, die Hälften mit der Knoblauchbutter bestreichen und wieder zusammensetzen. Das Brot im Ofen auf der mittleren Schiene etwa 5 Minuten backen.

Die Thunfischsteaks waschen und trocken tupfen, salzen und pfeffern und mit dem übrigen 1 EL Olivenöl bestreichen. In einer Grillpfanne ohne weiteres Fett auf jeder Seite scharf anbraten bzw. medium braten.

Die Thunfischsteaks aus der Pfanne nehmen und sofort mit Knoblauchbrot und Salsa servieren. Nach Belieben mit frischen Basilikumblättern garnieren.

GEFÜLLTE SARDINEN

MIT TOMATENSALAT UND RÖSTBROT

30
MINUTEN

FÜR DIE SARDINEN:

Öl für das Blech
2 Schalotten
1 Knoblauchzehe
4 EL Olivenöl
1 Bund Petersilie, fein gehackt
1 TL abgeriebene Bio-Zitronenschale
3–4 EL Semmelbrösel
Salz, Pfeffer
16–20 frische Sardinen (à 40–50 g; küchenfertig; ohne Mittelgräte)

AUSSERDEM:

4 reife Eiertomaten
Meersalzflocken
Pfeffer
Saft von ½ Zitrone
4 EL Olivenöl
1 Bund Basilikum, Blätter abgezupft
einige Scheiben ital. Weißbrot, geröstet

Für die Sardinen den Backofen auf 200 °C (Umluft) vorheizen. Ein Backblech mit Öl einfetten. Für die Füllung Schalotten und Knoblauch schälen, fein würfeln und in einer Pfanne in 2 EL Olivenöl anschwitzen. Vom Herd nehmen, Petersilie, Zitronenschale, restliches Olivenöl und Semmelbrösel untermischen und den Mix mit Salz und Pfeffer würzen.

Die Sardinen waschen, trocken tupfen und jeweils mit der Bröselmischung füllen, wieder zusammenklappen. Die Fische auf dem Blech verteilen und im Ofen auf der mittleren Schiene 4–5 Minuten garen.

Inzwischen die Tomaten waschen und in dünne Scheiben schneiden, dabei die Stielansätze entfernen. Die Scheiben leicht überlappend auf Tellern auslegen, mit Meersalz und Pfeffer bestreuen und mit Zitronensaft und Olivenöl beträufeln.

Zum Servieren die Sardinen aus dem Ofen nehmen, auf dem Tomatensalat anrichten und mit den Basilikumblättern garnieren. Die Weißbrotscheiben dazu reichen.

BOHNEN-KARTOFFEL-SPAGHETTINI

MIT SARDELLEN-GREMOLATA

30
MINUTEN

300 g vorwiegend festkochende Kartoffeln
Salz
500 g grüne Bohnen
500 g Spaghettini
100 g Parmesan, gerieben zum Bestreuen
schwarzer Pfeffer aus der Mühle (nach Belieben)

FÜR DIE GREMOLATA:

1 Bund Petersilie
1 kleine Knoblauchzehe
8 Sardellenfilets (in Öl)
1 TL grobes Meersalz
6 EL Olivenöl
abgeriebene Schale von ½ Bio-Zitrone

Die Kartoffeln waschen und samt Schale in Salzwasser etwa 20 Minuten weich garen. Die Bohnen putzen, waschen und in etwa 3 cm breite Stücke schneiden.

Inzwischen für die Gremolata die Petersilie waschen, trocken tupfen und die Blätter abzupfen. Den Knoblauch schälen und fein würfeln. Die Sardellen fein hacken. Petersilie, Knoblauch und Meersalz im Mörser zerreiben, dann Olivenöl und Zitronenschale hinzufügen und zuletzt die Sardellen untermengen.

Die Kartoffeln abgießen, kurz ausdampfen und abkühlen lassen. Dann pellen und etwa 1 cm groß würfeln. Die Spaghettini in Salzwasser etwa 6 Minuten vorgaren, dann die Bohnen dazugeben und alles noch etwa 6 Minuten garen.

Zuletzt die Kartoffelwürfel kurz ins Kochwasser geben, alles in ein Sieb abgießen und kurz abtropfen lassen. Noch heiß auf Teller verteilen, mit der Gremolata und Parmesan bestreuen. Nach Belieben schwarzen Pfeffer darüber mahlen.

GERMANY
PAGEOU
A. Güngörmüs

GARNELEN
MIT CURRYÖL UND TOMATEN-APFEL-GEMÜSE

25 MINUTEN

FÜR DIE GARNELEN:

4 EL Sonnenblumenöl
Salz
½ TL gemahlene Harissa
½ TL Currypulver
16–20 Garnelen (Größe 10/12), roh, geschält und entdarmt
1 Knoblauchzehe, angedrückt

FÜR DAS CURRYÖL:

2 EL Sonnenblumenöl
2 EL Olivenöl
1 EL gelbe Currymischung
4 Stängel Koriandergrün, fein gehackt

FÜR DAS GEMÜSE:

6 reife Tomaten
1 kleines Bund Frühlingszwiebeln
2 kleine säuerliche Äpfel (z. B. Elstar oder Jonagold)
40 g Butter
Zucker
Salz

Für die Garnelen 2 EL Sonnenblumenöl mit Salz, Harissa und Currypulver zu einer Marinade verrühren. Die Garnelen waschen, trocken tupfen und in der Marinade gut wenden.

Für das Curryöl alle Zutaten mischen und beiseitestellen. Die marinierten Garnelen in einer Pfanne im übrigen Sonnenblumenöl mit der angedrückten Knoblauchzehe auf jeder Seite etwa 2 Minuten braten. Dann herausnehmen und bei max. 70 °C im Ofen warm stellen.

Für das Gemüse die Tomaten ggf. häuten (s. S. 168) und vierteln, dabei Stielansätze und Kerne entfernen, ggf. nochmals halbieren. Die Frühlingszwiebeln putzen, waschen und schräg in etwa 2 cm lange Stücke schneiden. Die Äpfel waschen, vierteln, entkernen und in Spalten schneiden.

Die Frühlingszwiebeln in einer Pfanne in der Butter anbraten, bis sie leicht Farbe haben. Dann die Äpfel dazugeben, mit 1 Prise Zucker würzen und etwa 3 Minuten weich garen. Zuletzt die Tomaten darüber verteilen und das Gemüse salzen.

Zum Servieren das Gemüse auf Tellern anrichten. Die Garnelen daraufsetzen und mit dem Curryöl beträufeln.

OKTOPUS

MIT KARTOFFEL-PESTO-SALAT

30
MINUTEN

FÜR DEN SALAT:

800 g Drillinge (kleine Kartoffeln), samt Schale in Salzwasser gegart
2 Bund Basilikum
1 kleine Knoblauchzehe
1 kleine rote Zwiebel
250 ml Gemüsebrühe
3 EL Weißweinessig
Salz, Pfeffer
1 TL Zucker
20 g Pinienkerne
½ TL Meersalz
20 g Parmesan, gerieben
6 EL Olivenöl

FÜR DEN OKTOPUS:

300 g Oktopusarme, gegart (TK oder Feinkostabteilung)
2 EL Olivenöl
½ TL Zitronensaft
1 TL geräuchertes Paprikapulver

Für den Salat die gegarten Kartoffeln pellen und in dünne Scheiben schneiden. Das Basilikum waschen, trocken tupfen und Blätter abzupfen. Den Knoblauch schälen und fein würfeln. Die Zwiebel schälen und in Ringe schneiden.

Für die Marinade in einem Topf die Brühe mit 2 EL Essig, Salz, Pfeffer und Zucker kurz erhitzen, dann den Topf vom Herd nehmen. Die Kartoffelscheiben in den Sud geben, vorsichtig untermengen und darin etwa 10 Minuten ziehen lassen.

Währenddessen Pinienkerne, Meersalz und Knoblauch im Mörser zerreiben, dann das Basilikum dazugeben und ebenfalls zerreiben. Zuletzt Parmesan und Olivenöl untermischen und das Pesto unter den Kartoffelsalat ziehen.

Die Zwiebelringe mit dem übrigen Essig und etwas heißem Wasser überbrühen und kurz ziehen lassen, dann in ein Sieb abgießen und über dem Salat verteilen.

Für den Oktopus die vorgegarten Oktopusarme in einer Pfanne im Öl von beiden Seiten anbraten, mit etwas Zitronensaft beträufeln und mit Paprikapulver bestreuen. Zum Servieren mit dem Kartoffel-Pesto-Salat auf Tellern anrichten.

TIPP

Für einen zusätzlichen Mittelmeer-Touch könnt ihr noch ein paar halbgetrocknete Tomaten, Kapernäpfel und schwarze Oliven zum Salat geben!

DESSERTS

EINGELEGTE FEIGEN

MIT MANDELN UND JOGHURT

25 MINUTEN

200 g Zucker
1 Stängel frische Verveine-Blätter (oder 1 EL getr. Verveine-Tee)
12 frische Feigen (am besten violett)

40 g Mandelblättchen
abgeriebene Schale von ½ Bio-Zitrone
50 g flüssiger Honig
200 g Naturjoghurt (10 % Fett)

Für den Sirup in einem Topf 300 ml kaltes Wasser mit dem Zucker unter Rühren einmal kurz aufkochen. Den Topf vom Herd nehmen, die Verveine dazugeben und darin etwa 5 Minuten ziehen lassen.

Inzwischen die Mandelblättchen in einer Pfanne ohne Fett anrösten. Die Feigen waschen, rundum mit einem Spieß mehrmals einstechen und in eine Schüssel geben. Zitronenschale, Mandelblättchen und Honig darüber verteilen. Den noch warmen Sirup durch ein Sieb über die Feigen gießen, dabei die Verveine-Blätter wieder entfernen.

Die Feigen etwa 10 Minuten abkühlen und ziehen lassen, dann mit dem Joghurt in Dessertschalen anrichten.

TIPP

Anstelle der Mandelblättchen können auch gehackte Haselnüsse oder Pistazienkerne geröstet und in den Sirup gegeben werden!

CANTUCCINI
MIT ORANGEN-RICOTTA-CREME UND ERDBEEREN

20 MINUTEN + **1** STUNDE KÜHLEN

Saft von 1 Orange
2 EL Zucker
250 g Cantuccini (ital. Mandelgebäck)
250 g Erdbeeren

100 g Sahne
250 g Ricotta
5 EL Puderzucker
1 TL abgeriebene Bio-Orangenschale

In einem Topf Orangensaft und Zucker erwärmen und so lange verrühren, bis sich der Zucker vollständig aufgelöst hat. Die Cantuccini nebeneinander in eine rechteckige Schale (ca. 24 × 16 cm) setzen und mit dem Orangensirup tränken.

Die Erdbeeren waschen, putzen und in Scheiben schneiden. Die Sahne steif schlagen. Den Ricotta mit 3 EL Puderzucker und der Orangenschale glatt verrühren und die geschlagene Sahne mit einem Teigschaber locker unterheben.

Die Hälfte der Erdbeerscheiben über den Cantuccini verteilen, die Ricottacreme glatt darüberstreichen und die restlichen Erdbeeren auf der Creme verteilen. Dann das Dessert am besten abgedeckt noch etwa 1 Stunde kühl stellen.

Zum Servieren auf Teller verteilen und mit übrigem Puderzucker bestreuen.

HALVA-TÜRMCHEN

MIT GRANATAPFELKERNEN

30 MINUTEN + **30** MINUTEN KÜHLEN

Saft von 2 Orangen (ca. 200 ml)
200 g Zucker
1 lange Spirale Bio-Orangenschale
1 Zimtstange
5 Nelken
80 g Butter

1 EL Olivenöl, plus Olivenöl für die Formen
200 g Weichweizengrieß
40 g Mandelblättchen
40 g Pinienkerne
4–5 Timbale- oder Muffinförmchen aus Metall
1 Granatapfel, Kerne ausgelöst

Für den Sirup in einem Topf Orangensaft, Zucker, Orangenschale, Zimt und Nelken einmal kurz aufkochen, dann vom Herd nehmen und etwa 10 Minuten ziehen lassen. Anschließend durch ein Sieb passieren, die Würzzutaten wieder entfernen.

Inzwischen die Butter mit 1 EL Olivenöl in einem Topf bei mittlerer Hitze zerlassen und Grieß, Mandeln und Pinienkerne hinzufügen. Alles bei niedriger Hitze unter gelegentlichem Rühren mit einem Holzlöffel etwa 15 Minuten leicht rösten, sodass die Mischung eine schöne, goldgelbe Farbe bekommt (Achtung, brennt leicht an!).

Den Topf vom Herd nehmen und zwei Drittel des Sirups vorsichtig unterrühren. Dann alles abgedeckt etwa 10 Minuten quellen lassen.

Die Förmchen einfetten, die Grießmasse darin verteilen und leicht andrücken. Die Halva-Türmchen im Kühlschrank etwa 30 Minuten fest werden lassen.

Zum Servieren die Ränder mit einem Messer lösen und die Halva-Muffins vorsichtig auf Teller stürzen, mit dem restlichen Sirup beträufeln und mit den Granatapfelkernen bestreuen.

PASTIS-ERDBEEREN

MIT MELONE UND MANDELKARAMELL

20
MINUTEN

1 Netzmelone oder Cavaillon (ca. 800 g)
200 g Erdbeeren
20 g Puderzucker
2 cl Pastis (Anisschnaps)

1 EL Zucker
2 EL Mandelblättchen
½ TL Anis- oder Fenchelsamen
1 TL Butter

Die Melone vierteln, die Kerne entfernen und das Fruchtfleisch in der Mitte mit einem Ausstecher als Kugeln ausstechen (alternativ mit einem Teelöffel arbeiten). Die Schalen der Melonenviertel zum Anrichten aufbewahren. Die Erdbeeren waschen, putzen und halbieren.

Die Erdbeeren mit Puderzucker und Pastis marinieren. Dann die Melonenviertelschalen auf Teller setzen, mit den Erdbeeren füllen und die ausgestochenen Melonenkugeln außen herum verteilen.

Den Zucker in einer kleinen Pfanne karamellisieren und die Mandelblättchen und die Anissamen dazugeben. Sofort die Butter hinzufügen und alles mit einem Holzlöffel zügig verrühren. Die Masse auf einem Bogen Backpapier verstreichen und etwa 5 Minuten abkühlen lassen.

Zum Servieren den Mandelkaramell vom Backpapier lösen, grob hacken und über Melone und Erdbeeren streuen.

TIPP

Melonen haben einen hohen Wassergehalt und eignen sich daher ideal als Obstgenuss im Sommer. Gut zu wissen: Die Früchte reifen daheim noch nach, für dieses Dessert sollten sie maximal aromatisch sein.

ESPRESSO-ZABAIONE

MIT KARAMELLISIERTEN BANANEN

20 MINUTEN

1 sehr (!) frisches Ei
2 sehr (!) frische Eigelb
2 EL Zucker
2 doppelte Espressi (ca. 150 ml), abgekühlt
4 kleine Bananen

20 g Butter
2 EL Zimt-Zucker-Mischung (siehe Tipp)
abgeriebene Schale und Saft von ½ Bio-Limette

Für die Zabaione in einer Metallschüssel Ei und Eigelb mit dem Zucker mit den Quirlen des Handrührgeräts hellschaumig aufschlagen.

Dann die Schüssel über ein heißes Wasserbad setzen, den Espresso dazugeben und alles mit einem Schneebesen über dem heißen Wasserdampf schaumig schlagen (Achtung: nicht über 80 °C erhitzen, sonst gerinnt die Masse!).

Die Bananen schälen und der Länge nach halbieren. Die Butter in einer Pfanne zerlassen und die Bananenhälften darin auf den Schnittflächen anbraten, dann wenden, mit Zimtzucker bestreuen und karamellisieren. Zuletzt etwas Limettenschale und -saft darüberträufeln.

Zum Servieren jeweils 2 Bananenhälften auf Tellern anrichten und die Zabaione darüberträufeln.

TIPP

Die Zabaione ist ein vielseitiges Dessert und passt auch hervorragend zu karamellisierten Pfirsichen oder Datteln.

Die Zimt-Zucker-Mischung für den Vorrat ist rasch selbst gemacht: 10 EL Zucker mit 1 bis 2 EL Zimtpulver mischen – fertig!

GESCHMORTE PFIRSICHE

MIT KARDAMOM-BUTTERMILCH

25 MINUTEN

200 g Buttermilch
2 EL Puderzucker
½ TL abgeriebene Bio-Zitronenschale
1 Msp. gemahlener Kardamom

4 flache Weinbergpfirsiche
¼ Vanilleschote
40 g Zucker
200 ml Orangensaft
1 EL kalte Butter

Die Buttermilch mit Puderzucker, Zitronenschale und Kardamom verrühren und ziehen lassen.

Die Pfirsiche waschen und trocken tupfen. Die Vanilleschote längs aufschneiden. Den Zucker in einem kleinen Topf leicht karamellisieren, die Pfirsiche im Ganzen dazugeben und mit dem Orangensaft ablöschen. Die Vanilleschote dazugeben und alles einmal kurz aufkochen. Dann zugedeckt bei mittlerer Hitze noch etwa 5 Minuten ziehen lassen.

Die Pfirsiche herausnehmen und auf einen Teller setzen, den Sud noch auf ein Drittel einkochen. Zuletzt die kalte Butter unterrühren. Die Pfirsiche enthäuten und im Ganzen in den Sud zurücklegen.

Zum Servieren die Kardamom-Buttermilch auf Schalen verteilen, jeweils einen Pfirsich daraufsetzen und mit dem Sud beträufeln.

SÜSSES FINALE

WAS IN MEDITERRANEN DESSERTS NICHT FEHLEN DARF

Das Highlight eines jeden mediterranen Gelages beschließen nicht nur süße Früchte und ein Mokka – die schnellste Form von Dessert. Auch typische Dulces, Dolci oder Tatlı sind im Handumdrehen fertig, wenn man die richtigen und aromareichen Zutaten für mediterrane Süße beherzigt.

Rosenblütenwasser zählt zu den typischen orientalischen Aromen. Im Nahen Osten werden auch heute noch Blüten oft wie Gewürze verwendet, was bei uns bis ins Mittelalter ebenfalls üblich war. Rosenblütenwasser ist ein Nebenprodukt der Gewinnung des Öls aus den Blättern der bekannten Damaszener-Rose.

Auch im **Lavendelhonig** hallt die Tradition des Würzens mit Blüten nach. Wobei der Honig nicht mit Lavendel gewürzt ist, sondern die Bienen für diese Honigsorte große Lavendelfelder ernten konnten – meistens im Süden Frankreichs. Wer mit Lavendelhonig süßt, kann das Gericht aber immer auch mit frischen oder getrockneten Lavendelblüten ergänzen.

Pastis ist ein echter Geheimtipp aus dem sonnigen Süden Frankreichs. Der Anisschnaps mit 40–45 Vol.-% Alkohol lässt sich als Aperitif trinken, verfeinert jedoch auch Desserts wie Obstsalate. Neben Anis enthält Pastis meist Fenchel, Süßholzwurzel oder Kräuter.

Granatapfelkerne besitzen ein wunderbar herbsüßes Aroma. Es gibt sie bereits ausgelöst im Kühlregal. Wer die ganze Frucht selbst auslösen will, schneidet dazu erst den Kelchansatz ab, entfernt die dünnen weißen Häute und löst dann die Kerne dazwischen mit einem Löffel vorsichtig aus (Achtung, färbt stark ab!). Die Kerne eignen sich als leckeres Topping für Halva, süße Grießspeisen oder im Obstsalat. Im Orient beliebt ist auch der Sirup aus den roten Perlen (im Handel als »Grenadine«) – er verfeinert Getränke und Cocktails sowie Gerichte, die etwas Säure benötigen.

Feigen sind im Handel zwar meist schon essfertig angeboten, sie haben den Vorteil, dass sie nach der Ernte noch nachreifen können. Ob gelb, grün oder violett: Wichtig ist, dass die Feige weich, aber nicht matschig ist. Am besten schmecken die mediterranen Klassiker roh, in Kombination mit süßen und herzhaften Aromen wie Käse. Bei frischen Feigen isst man die Schale oft nicht mit, bei Trockenware schon.

Das leicht süßliche, sehr aromatische Gewürz kennt man zwar vor allem aus der Weihnachtsbäckerei, **Zimt** lässt sich aber hervorragend das ganze Jahr über einsetzen. Er passt nämlich auch zu herzhaften Gerichten wie Köfte oder in Kombination mit Sultaninen, gerösteten Mandeln, Orangen- und Zitronenschale, Koriandergrün und Minze zu Basmatireis. Am besten ihr verwendet immer Ceylon-Zimt!

CAY-PFLAUMEN

MIT ORANGE UND GEBACKENEN SALBEIBLÄTTERN

20 + **8**
MINUTEN STUNDEN EINWEICHEN

20 Trockenpflaumen, entsteint
200 ml heißer kräftiger Cay-Tee (ohne Milch; oder Chai-Tee)

2 Bio-Orangen
12–16 frische Salbeiblätter
60 g Butterschmalz
2 EL Zimt-Zucker-Mischung (siehe Tipp S. 200)

Am Vorabend in einer Schüssel die Trockenpflaumen mit dem heißen Tee übergießen und etwa 8 Stunden, am besten über Nacht, ziehen lassen – so nehmen die Pflaumen das Teearoma optimal auf.

Am nächsten Tag die Orangen mit dem Messer schälen, quer in dünne Scheiben schneiden und leicht überlappend wie ein Carpaccio auf Tellern verteilen. Die eingeweichten Pflaumen mit einem Teil des Einweichwassers darübergeben.

Die Salbeiblätter waschen, trocken tupfen und in einer Pfanne im Schmalz knusprig ausbacken. Mit einem Schaumlöffel herausnehmen, gut abtropfen lassen und im Zimtzucker wälzen. Mit den Pflaumen auf den Orangenscheiben verteilen.

TIPP

Dazu am besten einfach eine Kugel Joghurt- oder Vanilleeis servieren!

BLAUBEERKOMPOTT

MIT KREM KAYMAK UND PISTAZIEN

20
MINUTEN

200–250 g Blaubeeren
2 EL Zucker
2 EL flüssiger Honig
1 TL abgeriebene Schale und Saft einer Bio-Orange
½ TL Zimtpulver

50 g geröstete und gesalzene Pistazienkerne, grob gehackt
200 g Krem Kaymak (türk. Mascarpone)

Die Blaubeeren verlesen, waschen und trocken tupfen. In einem Topf den Zucker leicht karamellisieren, 1 EL Honig dazugeben und alles mit dem Orangensaft ablöschen. Orangenschale und Zimt hinzufügen und alles um ein Viertel einkochen.

Anschließend die Blaubeeren dazugeben, alles einmal kurz aufkochen, vom Herd nehmen und etwa 10 Minuten ziehen lassen. Das Kompott auf Schalen verteilen und abkühlen lassen.

Zum Servieren jeweils 1 Nocke Krem Kaymak auf das Kompott setzen, mit den gehackten Pistazien bestreuen und mit dem restlichen Honig beträufeln.

TIPP

Wenn ihr keine Krem Kaymak bekommt, könnt ihr genauso Labneh oder türkischen Joghurt (10 % Fett) verwenden!

MANDELMILCHREIS

MIT HIMBEEREN UND LIMETTE

30
MINUTEN

125 g Milchreis
¼ Vanilleschote
350 ml ungesüßter Mandeldrink (oder Kokosmilch)
150 g Sahne
40 g feiner Zucker
Salz
250 g Himbeeren
etwas Puderzucker zum Bestäuben
½ TL abgeriebene Bio-Limettenschale

Den Milchreis in einem Sieb kalt abbrausen und abtropfen lassen. Die Vanilleschote längs aufschneiden. In einem Topf Mandeldrink und Sahne mit Zucker, 1 Prise Salz und Vanilleschote einmal kurz aufkochen, dann den Reis dazugeben und zugedeckt bei kleinster Hitze etwa 20 Minuten köcheln lassen. Dabei ab und zu umrühren, damit der Reis nicht am Topfboden ansetzt.

Anschließend den Milchreis auf kleine Schalen oder Gläser verteilen und vollständig abkühlen lassen.

Währenddessen die Himbeeren verlesen, waschen und trocken tupfen. Mit Puderzucker und Limettenschale bestreuen und kurz ziehen lassen. Zum Servieren die Limettenhimbeeren auf den Milchreis setzen.

TIPP

Der Milchreis wird luftiger, wenn man vor dem Abfüllen noch etwas steif geschlagene Sahne locker unterhebt. Dazu allerdings erst etwas abkühlen lassen!

GRIESSSCHNITTEN

MIT KIRSCHEN UND ROSENBLÜTENWASSER

30 MINUTEN + **1** STUNDE KÜHLEN

1 Eiweiß (Größe M)
50 g Zucker, plus 2–3 EL Zucker, je nach Süße der Kirschen
500 ml Milch
½ ausgekratzte Vanilleschote samt Mark
100 g Weichweizengrieß
2 Eigelb (Größe M)

250 g Kirschen (frisch oder TK)
1 EL Butter
Saft von 1 Orange
1 Stück Bio-Orangenschale
2 TL Rosenblütenwasser
40 g Butterschmalz
6 EL Zimt-Zucker-Mischung (siehe Tipp S. 200)

Eine rechteckige Form (ca. 16 × 24 cm) mit Backpapier auslegen. Das Eiweiß mit 50 g Zucker zu steifem Schnee schlagen. In einem Topf die Milch mit dem Vanillemark aufkochen, den Grieß einrühren und bei mittlerer Hitze 2–3 Minuten unter Rühren köcheln lassen.

Vom Herd nehmen, Eigelb dazugeben und kräftig unterrühren. Zuletzt den Eischnee mit einem Teigschaber locker unterheben. Die Grießmasse in der Form etwa 2 cm hoch verteilen. Nochmals mit Backpapier belegen und fest in die Form drücken, sodass die Oberfläche glatt ist. Alles etwa 1 Stunde kühl stellen.

Inzwischen die Kirschen waschen und entsteinen (TK-Ware gefroren verwenden). In einem Topf 2–3 EL Zucker zerlassen, erst die Butter, dann die Kirschen und den Orangensaft hinzufügen. Vanilleschote und Orangenschale dazugeben und alles um ein Drittel einkochen. Danach mit dem Rosenblütenwasser aromatisieren.

Zum Servieren die kalte Grießmasse in Stücke schneiden, in einer Pfanne im Schmalz auf jeder Seite mit Zimtzucker bestreuen und goldbraun ausbacken. Herausnehmen, auf Tellern anrichten und mit dem Kirschragout garnieren.

TIPP

Besonders hübsch und passend zum Rosenblütenwasser: eine Garnitur mit essbaren Rosenblütenblättern!

APRIKOSEN-CLAFOUTIS
MIT LAVENDELHONIG

30 MINUTEN + **20** MINUTEN BACKEN

2 EL Vanillepuddingpulver
1 EL Zucker
80 ml Milch
1 Eigelb (Größe M)
6 Aprikosen
100 g weiche Butter, plus etwas für die Form
100 g Puderzucker
2 Eier (Größe M)
100 g gemahlene Mandeln
Mark von ¼ Vanilleschote
5 g Speisestärke
2 EL Lavendelhonig

Den Backofen auf 175 °C (Umluft) vorheizen. Eine Tarteform (ca. 24 cm Durchmesser) mit weicher Butter einfetten.

Puddingpulver und Zucker mischen. Die Milch in einem kleinen Topf erhitzen, den Puddingpulver-Zucker-Mix einrühren und unter Rühren etwa 1 Minute köcheln lassen. Dann vom Herd nehmen, den Pudding mit dem Eigelb abbinden und glatt rühren.

Die Aprikosen waschen, halbieren und entkernen, die Hälften nochmals halbieren. In einer Rührschüssel 100 g weiche Butter und den Puderzucker mit den Quirlen des Handrührgeräts schaumig rühren. Die Eier einzeln dazugeben und unterrühren, dann Mandeln, Vanillemark und Speisestärke untermischen. Zuletzt die Puddingmasse zügig unterheben.

Den Teig in der Tarteform verteilen und mit den Aprikosenvierteln belegen. Den Clafoutis im Ofen auf der mittleren Schiene etwa 20 Minuten backen. Dabei etwa 5 Minuten vor Ende der Backzeit mit dem Lavendelhonig spiralförmig beträufeln.

Den Clafoutis aus dem Ofen nehmen und vor dem Servieren kurz abkühlen lassen.

TIPP

Zum Garnieren eignen sich ein Klecks Crème fraîche und einige Lavendelblüten. Das sieht nicht nur schön aus, sondern gibt dem Clafoutis auch noch eine wahrhaft mediterrane Note!

APÉRO ORIENTALE

HÄPPCHEN WIE AUS 1001 NACHT

Was ist der perfekte Auftakt für einen orientalischen Abend? Diese verführerischen Aperitif-Ideen mit dazu passenden Häppchen! Hier findet sich alles, was die Mittelmeerküche zu bieten hat: frische Kräuter, würziger Käse, intensive Fruchtaromen, exotische Gewürze.

ORIENTAL HUGO

Für 1 Person: 10 cl Prosecco, 3 cl Granatapfelsirup (Grenadine), 1 cl abgekühlten Hibiskustee und 12 cl Soda mit Eiswürfeln in ein Weinglas geben und verrühren. Mit Minzblättern und Bio-Limettenscheiben garnieren und sofort servieren!

Die alkoholfreie Variante:
Für 1 Person: 12 cl Tonic Water, 8 cl Pink Grapefruit Limonade, 2 cl Granatapfelsirup (Grenadine) und Soda nach Belieben mit einigen Eiswürfeln in ein Weinglas geben und verrühren. Mit Basilikumblättern und Bio-Limettenscheiben garniert servieren!

Porto Tonico

Für 1 Person: 5 cl weißen Portwein (z. B. Graham's) und 10 cl Tonic Water mit einigen Eiswürfeln in ein Glas geben und gut verrühren. Mit Rosmarinzweig, Bio-Zitronenscheiben garnieren und sofort servieren!

AVOCADO-JOGHURT-CREME MIT VADOUVAN

Für 4 Personen: 1 reife Avocado halbieren, entkernen und schälen. Das Fruchtfleisch in einem tiefen Teller mit 2 EL Naturjoghurt (10 % Fett), 1 Prise Salz, ½ TL abgeriebener Bio-Zitronenschale und etwas Zitronensaft mit einer Gabel zerdrücken. Alles so lange verrühren, bis eine cremige Konsistenz entstanden ist. Mit Vadouvan (indische Gewürzmischung) bestreuen und als Dip zu Brot oder Gemüse servieren.

TIPP

Die ausgehöhlten Avocadoschalen können prima mit dem Dip gefüllt werden !

WASSERMELONE MIT FETA UND CHILI

Für 4 Personen: 1 Scheibe Wassermelone (ca. 2 cm dick) auf einer Seite mit Olivenöl bestreichen. Dann auf der geölten Seite in einer stark erhitzten Grillpfanne kurz scharf angrillen (Achtung, die Melone darf dabei nicht weich werden!). Anschließend aus der Pfanne nehmen, in mundgerechte Würfel schneiden und in eine Schüssel geben. 50 g Feta darüberbröseln, mit 2 EL Olivenöl beträufeln und mit ein paar Chilifäden bestreuen. Mit Spießen servieren.

REGISTER

A

B

C/D

E/F

G

H

K

L/M

N/O

P/Q

R

S

T

V/W/Z

DANKE

Danke an meinen Freund und Mentor Fritz Schilling, Alexandra Schilling, Sandra Eckhardt und Michi Koch, Alex Gudzent, Monika Schlitzer sowie dem gesamten DK-Team. Zudem meinem Team des »Pera Meze«, dem Team des »Pageou« und dem Team von »Koch's anders« sowie Tobias Bischoff und meinem Küchenchef Florian Pöschl – danke!

ALI GÜNGÖRMÜS

Der charismatische TV-Koch Ali Güngörmüs verbindet in seinen Rezeptkreationen fantastische Aromen und Gewürze der mediterranen Küche mit den Inspirationen der orientalischen Küche und einem Hauch von 1001 Nacht. Wer Alis Küche genießen will, ohne selbst den Kochlöffel zu schwingen, kann das in seinem Restaurant »Pageou« sowie in der »Pera Meze-Bar« in München tun oder ihm in diversen TV-Shows beim Kochen zuschauen (u. a. »Koch's anders«, »Die Küchenschlacht«, »Grill den Henssler«).

MAN MUSS SIE ALLE HABEN:
DIE INSPIRIERENDEN KOCHBÜCHER VON ALI GÜNGÖRMÜS

978-3-8310-4186-2

978-3-8310-3643-1

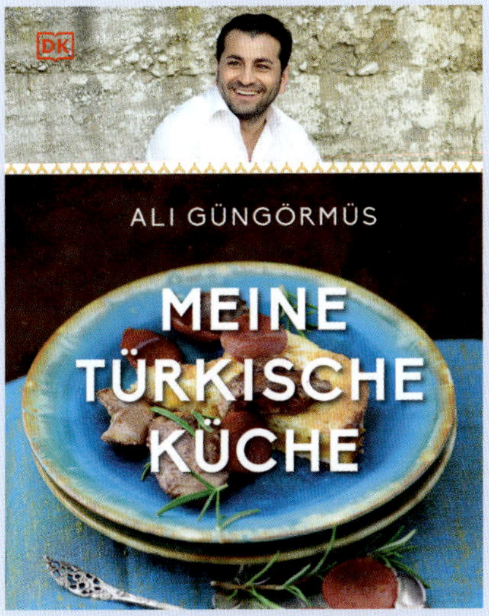

978-3-8310-2786-6

978-3-8310-4357-6

Rezepte und Texte Ali Güngörmüs
Rezepte Mitarbeit Fritz und Alexandra Schilling
Fotografie Sandra Eckhardt
Foodstyling Michael Koch
Prob Styling Barbara Emmel
Weitere Requisiten Geliebtes Zuhause
Make-up Artist Martina Grüninger Luptáková
Lektorat und Mitarbeit Texte Kathrin Gritschneder
Gestaltung, Typografie, Realisation Andrea Högerle

Für den DK Verlag:
Verlagsleitung Monika Schlitzer
Programmleitung Heike Faßbender
Projektbetreuung Alexandra Gudzent
Herstellungsleitung Dorothee Whittaker
Herstellungskoordination Katharina Schäfer
Herstellung Inga Reinke, Sophie Schiela
Covergestaltung Andrea Högerle

ISBN 978-3-8310-4845-8

Repro Boris Wick, Oberrot/Schwäbisch Hall
Druck und Bindung L.E.G.O. S.p.A., Italien

FSC www.fsc.org MIX Papier | Fördert gute Waldnutzung FSC® C023419

www.dk-verlag.de

Hinweis
Die Informationen und Ratschläge in diesem Buch sind vom Autor und Verlag sorgfältig erwogen und geprüft, dennoch kann eine Garantie nicht übernommen werden. Eine Haftung des Autors bzw. des Verlags und seiner Beauftragten für Personen-, Sach- und Vermögensschäden ist ausgeschlossen.

Die Rezepte in diesem Buch sind, sofern nicht anders angegeben, für 4 Personen ausgelegt. Soweit nicht anders angegeben, beziehen sich die Temperaturangaben für den Ofen auf Ober- und Unterhitze.